Meine Mission nach London,

1912-1914

Fürst von Karl Max Lichnowsky

Writat

Diese Ausgabe erschien im Jahr 2024

ISBN: 9789359943343

Herausgegeben von
Writat
E-Mail: info@writat.com

Inhalt

BIOGRAPHISCHE ANMERKUNG

Der Autor der folgenden Seiten, Karl Max, Fürst Lichnowsky , ist Mitglied einer Familie, die Besitztümer sowohl in Deutsch- als auch in Österreich-Schlesien besitzt und einen erblichen Sitz im Oberhaus des preußischen Landtags hat. Der Vater des jetzigen Fürsten und seines Amtsvorgängers war ein preußischer Kavalleriegeneral, der am Ende seines Lebens einige Jahre als Mitglied der Freikonservativen Partei im Reichstag saß.

Sein Onkel, Prinz Felix, wurde 1848 als Vertreter Ratibors in die Deutsche Nationalversammlung in Frankfurt am Main gewählt. Er war ein aktives Mitglied des konservativen Flügels und wurde während des Septemberaufstands, als er mit General Auerswald in der Nähe der Stadt ausritt, vom Mob angegriffen und ermordet.

Der jetzige Prinz diente in der preußischen Armee, wo er den Rang eines Majors innehatte, und trat dann in den diplomatischen Dienst ein. 1885 war er für kurze Zeit der deutschen Botschaft in London zugeteilt und wurde später Botschaftsrat in Wien. Von 1899 bis 1904 war er im deutschen Außenministerium beschäftigt und erhielt den Rang und Titel eines bevollmächtigten Ministers.

1904 zog er sich auf seine schlesischen Ländereien zurück und lebte, wie er selbst sagt, acht Jahre lang das Leben eines Landedelmanns, las aber fleißig und veröffentlichte gelegentlich politische Artikel. Er selbst berichtet über die Umstände, unter denen er nach dem Tod von Baron Marschall von Bieberstein zum Botschafter in London ernannt wurde .

Baron Marschall , der unter dem Kanzleramt des Grafen Caprivi und zeitweise unter dem Fürsten Hohenlohe Außenminister gewesen war, hatte als Botschafter in Konstantinopel und auch als deutscher Generalbevollmächtigter auf der Zweiten Haager Konferenz 1907 große Erfolge erzielt. Baron Marschall war, um Bismarcks Worte zu verwenden, „das beste Pferd im diplomatischen Stall Deutschlands". Und in London erwartete man Großes von ihm. Doch seine Ernennung dauerte nur wenige Monate.

Prinz Lichnowskys hoher gesellschaftlicher Rang, sein angenehmes Benehmen und die großzügige Gastfreundschaft, die er in Carlton House Terrace zeigte, verschafften ihm eine Stellung in der englischen Gesellschaft, die die Verhandlungen zwischen England und Deutschland erleichterte und viel dazu beitrug, die Reibereien abzubauen, die während der Zeit entstanden waren, in der Prinz Bülow das Amt des deutschen Kanzlers innehatte.

Die hier übersetzte Broschüre gibt einen Bericht über seine Londoner Mission; nach seiner Rückkehr nach Deutschland lebte er zurückgezogen auf dem Land, schrieb aber gelegentlich Artikel für die Presse. Die im August 1916 verfasste Broschüre war nicht zur Veröffentlichung bestimmt, sondern wurde vertraulich an einige Freunde verteilt. Ihre Existenz war seit langem bekannt , aber erst im März dieses Jahres wurden zum ersten Mal Auszüge daraus in der schwedischen Zeitung *Politiken veröffentlicht. Längere Auszüge sind seitdem in der Londoner Presse erschienen; zum ersten Mal* wird nun eine vollständige Übersetzung des deutschen Originals der Öffentlichkeit vorgelegt.

VORWORT

Vielleicht hat die Welt noch nie in der Geschichte eine so große Demonstration der mörderischen und korrumpierenden Macht der organisierten Lüge gesehen wie beim Ausbruch dieses Krieges. Ganz Deutschland außerhalb der Regierungskreise wurde dazu verleitet zu glauben, dass der Krieg ein verräterischer Angriff war, der im Dunkeln von „dem rachsüchtigen Frankreich, dem barbarischen Russland und dem neidischen England" gegen das unschuldige und friedliebende Vaterland geplant wurde. Und im Mittelpunkt der Verschwörung stand der machiavellistische Graue, der Deutschland jahrelang eingekreist und erwürgt hatte, um ihm im richtigen Moment einen Todesstoß von hinten zu versetzen. Der Kaiser, die Fürsten, die Minister, die Bischöfe und Kapläne, die Historiker und Theologen wetteiferten, teils bewusst, teils unschuldig, miteinander in feierlichen Bezeugungen und raffinierten Fälschungen von Beweisen; und das Volk, das durch Erziehung gefügig geworden und seit langem zum Hass auf England indoktriniert war, glaubte unweigerlich und übertrieb leidenschaftlich, was man ihm erzählte. Aus diesem Glauben resultierte größtenteils die seltsame Brutalität und Grausamkeit der einfachen Bevölkerung Deutschlands zu Beginn des Krieges, sei es gegenüber Personen, die ein Recht auf Höflichkeit hatten, wie die Botschafter, oder gegenüber Personen, die Anspruch auf allgemeines menschliches Mitgefühl hatten, wie die Verwundeten und Gefangenen. Die deutschen Massen konnten gegenüber Menschen, die eines so abscheulichen Weltverbrechens schuldig waren, keine Gnade zeigen.

Und nun liegen Beweise vor, die in normalen Zeiten sogar die deutsche Nation davon überzeugen würden, dass die gesamte Grundlage ihres Glaubens ein Konstrukt bewusster Falschheit war. Sie zeigen, dass es der Kaiser und seine Minister waren, die den Krieg planten, während es England und insbesondere Sir Edward Grey waren, die sich am stärksten für die Erhaltung des Friedens einsetzten.

Es handelt sich um die Aussage des deutschen Botschafters in London in den Jahren 1912-1914, Fürst Lichnowsky , die durch die Kommentare des damaligen Außenministers Herrn von Jagow eher bestätigt als widerlegt wird . Darüber hinaus wird sie durch die kürzlich veröffentlichten Memoranden von Herrn Mühlon , einem der Direktoren der Krupp-Rüstungsfabrik in Essen, untermauert. Man kann sich kaum eine überzeugendere Aussage vorstellen . Wird das deutsche Volk das glauben? Würde es es heute noch glauben, wenn jemand von den Toten auferstehen würde?

Die Antwort können wir noch nicht erraten. Tatsächlich gibt es eine andere Frage, die zuerst beantwortet werden muss: Aus welchem Grund und mit welcher möglichen Änderung der Politik im Sinn hat die deutsche Regierung die Veröffentlichung dieser Papiere und die Verbreitung von Lichnowskys Memorandum als Broschüre für 30 Pfennig zugelassen? Glauben die Militaristen, ihr Triumph sei sicher und die Zeit gekommen, die Maske abzulegen? Oder ist es den Gegnern des Militarismus, die so niedergeschlagen schienen, gelungen, ihre Macht zu behaupten? Handelt es sich um einen Plan, die stets gefügige deutsche Bevölkerung dazu zu bringen, England weniger zu hassen?

Für die Deutschen muss es eine erschreckende Geschichte sein, für uns ist sie jedoch wenig Neues. Sie ist eine absolute Bestätigung des britischen Blaubuchs und englischer Bücher wie „History of Twelve Days" von Herrn Headlam und „Thirteen Days" von Herrn Archer, sowohl im Geiste als auch im Wortlaut. Fürst Lichnowskys Zusammenfassung stimmt genau mit den britischen Schlussfolgerungen überein: Die Deutschen ermutigten Graf Berchtold, Serbien anzugreifen, wohl wissend, welche Konsequenzen dies zu erwarten hatte; zwischen dem 23. und 30. Juli lehnten sie jede Form der Vermittlung ab; und am 30. Juli, als Österreich sich zurückziehen wollte, schickten sie hastig ein Ultimatum an Russland, um den Rückzug unmöglich zu machen (S. 39-40). Eine grausige Geschichte von Blindheit und Verbrechen; aber wir kannten das alles schon vorher.

Ebenso interessant ist Fürst Lichnowskys Bericht über die Politik Deutschlands und Englands vor dem Krieg. Er bestätigt unser Wissen über die „finstere Unbestimmtheit" der deutschen Politik in Marokko, den ständigen Wunsch Englands, eine Verständigung zu erreichen, und Deutschlands, einer Verständigung auszuweichen. Was unseren angeblichen Neid auf den deutschen Handel betrifft, so war der Wunsch nach einer Verständigung mit Deutschland in englischen Handelskreisen am stärksten. Was unsere „Einkreisungspolitik" betrifft, so war es das bewusste Ziel unserer Politik, die Linie von Lord Salisbury und Mr. Chamberlain fortzusetzen und die legitime und friedliche Expansion einer großen Streitmacht zu erleichtern, anstatt sie zu behindern, die gefährlich werden würde, wenn sie unterdrückt und eingeengt würde.

Die Testfälle waren die Bagdadbahn und die portugiesischen Kolonien. Wir einigten uns darauf, keine Einwände gegen den Kauf dieser Kolonien durch Deutschland zu erheben, wenn Portugal bereit war zu verkaufen; wir einigten uns in der Zwischenzeit darauf, sie als deutsche Interessensphäre zu behandeln und dort nicht um Einfluss zu konkurrieren. Unter der Voraussetzung der Wahrung bestehender britischer Rechte und bestimmter anderer Schutzmaßnahmen stimmten wir der Fertigstellung der großen Eisenbahn vom Bosporus nach Basra und der Anerkennung des gesamten durch die Eisenbahn erschlossenen Gebiets als deutsche Interessensphäre zu. Obwohl die beiden Verträge abgeschlossen waren, wurden sie nie unterzeichnet ; warum? Weil Grey keine Geheimverträge unterzeichnen wollte. Er bestand darauf, dass sie veröffentlicht werden müssten . Und die deutsche Regierung erlaubte ihre Veröffentlichung nicht! Für Lichnowsky schien dies bloße Gehässigkeit von Seiten der Rivalen zu sein, die ihm seinen Erfolg missgönnten, aber wir sehen jetzt, dass es eine bewusste Politik war. Die Kriegstreiber konnten es sich nicht leisten, ihr Volk den Beweis des guten Willens Englands erfahren zu lassen.

Lichnowsky war ein Freund Englands, aber er war kein Pazifist oder „kleiner Deutscher". Seine Politik war darauf ausgerichtet, die friedliche Expansion Deutschlands auf den Meeren und in den Kolonien in gutem Einvernehmen mit England und Frankreich zu begünstigen . Er strebte eine „imperiale Entwicklung" nach britischem Vorbild an; er verabscheute die „Politik des Dreibundes", der die Streitigkeiten Österreichs unterstützte, die Türkei gegen die Balkanstaaten unterstützte, gegen Russland intrigierte und die gesamte Politik im Kontext europäischer Rivalitäten mit Kriegshintergrund betrachtete. Seine eigene Politik war eine , die , wenn sie von der deutschen Regierung loyal verfolgt worden wäre, den Krieg vermieden und Europa gerettet hätte.

Es gibt ein oder zwei Merkmale in Lichnowskys Sprache, die zeigt, dass er trotz aller Liberalität seines Denkens immer noch ein Deutscher ist. Auf den Bericht eines deutschen Geheimagenten hin akzeptiert er sofort die falsche Behauptung, dass Grey einen Geheimvertrag mit Frankreich abgeschlossen habe. Er erwähnt, als wäre es eine natürliche Sache, die seltsame Meinung, dass der *Standard* „offenbar von Österreich gekauft" worden sei. Er beschreibt Mr. Asquith als Pazifisten und Sir Edward Grey sowohl als Pazifisten als auch, in Idealen und in der Praxis, als Sozialisten. Man muss bedenken, an welche Ansichten er in Potsdam gewöhnt war.

Es besteht kein Zweifel daran, dass Lichnowsky von seiner Regierung absichtlich getäuscht wurde, und kaum daran, dass er mit der Absicht, uns zu täuschen, für seinen Posten in London ausgewählt wurde. All dies steht laut Bernhardi fest . Lichnowsky selbst war ein ehrlicher und fähiger Diplomat, und seine selbstvorwürfenden Worte klingen aufrichtig: „Ich musste in London eine Politik unterstützen, deren Ketzerei ich erkannte . Das brachte mir Rache, denn es war eine Sünde gegen den Heiligen Geist."

Wenn Grey in dem Gewirr der furchtbaren Probleme, die ihn umgaben, jemals einen Fehler machte, so war seine Sünde nicht gegen den Heiligen Geist. Die Angriffe radikaler Idealisten gegen ihn zu Beginn des Krieges waren leicht zu widerlegen. Wenn je ein Staatsmann mit der gebotenen Umsicht für Frieden, für Völkerfreundschaft und für die Umwandlung bewaffneter Rivalitäten in herzliches und demokratisches Einvernehmen strebte, dann war es unser großer englischer Minister. Er wurde beschuldigt , Geheimverträge geschlossen zu haben, und wir finden ihn in allen Friedenszeiten und zu allen Zeiten, als die Wahl noch möglich war, einen entschiedenen Gegner von Geheimverträgen. Er wurde beschuldigt , nach Territorium zu streben, und wir finden ihn sowohl im Krieg als auch im Frieden entschieden gegen jede Gebietsvergrößerung . Dies war die Politik, die die Führer beider englischen Parteien vor dem Krieg gebilligt hatten.

Es ist ein Angriff von der anderen Seite, der ihn jetzt erreicht. Wäre der Krieg kurz und erfolgreich gewesen, wäre dies nicht geschehen. Aber ein langer, erbitterter und gefährlicher Krieg schafft zwangsläufig seine eigene Atmosphäre, und die Politik, die 1913, als die Welt in Frieden war und unsere Beziehungen zu Deutschland sich verbesserten, weise war, erscheint uns heute vielleicht seltsam vertrauensvoll und großzügig. Wenn wir jedoch versuchen, jene geistige Ruhe wiederzuerlangen, ohne die die Nationen bis ans Ende der Zeit niemals in der Lage sein werden, ihren vergeudeten Reichtum wiederherzustellen und die zerstörten Hoffnungen der Zivilisation wieder aufzubauen , werden die meisten Engländer, glaube ich, zustimmen, dass Greys Politik, wie wir alle damals dachten, die richtige und weise Politik war. Die ganze Welt wissen zu lassen, dass wir uns niemals an einem Angriff auf Deutschland beteiligen würden, aber niemals einen Angriff auf Frankreich zulassen würden; zu versuchen, alle Reibereien zwischen England und Deutschland zu beseitigen, wie sie zwischen England und Frankreich und zwischen England und Russland beseitigt worden waren; die „Entente Cordiale" schrittweise auf alle Nationen auszudehnen, die ihr beitreten würden, und „die beiden Teile Europas einander näher zu bringen". Dies war die richtige Politik, unabhängig davon, ob sie erfolgreich war oder scheiterte. Und es wird, zumindest im Geiste, eines Tages wieder die richtige Politik sein .

Kein Engländer, denke ich, wird die großzügige Höflichkeit bedauern, mit der der deutsche Botschafter mit einer Ehrenwache verabschiedet wurde , „wie ein scheidender Herrscher". Niemand wird die stillen Tränen unseres Premierministers bedauern, als der Krieg unvermeidlich wurde, oder Greys Überzeugung, dass es „die größte Katastrophe der Geschichte" sein würde – nicht einmal, wenn verrückte deutsche Militärs daraus den Schluss zogen, dass der einzige Grund für solche Trauer die Angst vor einer Niederlage sein müsse . Ich für meinen Teil bin froh, dass Grey ihm bei seinem letzten Gespräch mit Lichnowsky versicherte, dass er, sollte sich jemals eine Chance zu einer Vermittlung zwischen den kämpfenden Parteien ergeben, sie ergreifen würde, und dass „wir nie den Wunsch gehabt haben, Deutschland zu vernichten".

Selbst jetzt, in der Krise des Krieges, ist es sicherlich gut, sich an diese Dinge zu erinnern. Je reiner unser nationales Gewissen ist, desto stärker wird sicherlich unser Wille zum Sieg sein. Je langsamer wir die Traditionen der Großzügigkeit und des Vertrauens aufgeben, die aus unserer langen Sicherheit resultieren, desto fester wird unsere Entschlossenheit sein, durchzuhalten, egal, welches Martyrium uns noch bevorstehen mag, bis wir oder unsere Kinder es uns wieder leisten können, großzügig zu leben und unseren Nachbarn zu vertrauen . Auf lange Sicht ist kein anderes Leben lebenswert.

GM

MEINE MISSION NACH LONDON
1912-14

MEINE VERABREDUNG

Im September 1912 starb Baron Marschall , nachdem er erst wenige Monate auf seinem Posten in London gewesen war. Seine Ernennung, die zweifellos hauptsächlich auf sein Alter und den Wunsch seines Unteroffiziers, nach London zu gehen, zurückzuführen war, war einer der vielen Fehler unserer Politik.

Trotz seiner markanten Persönlichkeit und seines großen Rufes war er zu alt und zu müde, um sich in die ihm völlig fremde angelsächsische Welt einzufügen; er war eher Beamter und Anwalt als Diplomat und Staatsmann . Von Anfang an bemühte er sich sehr, die Engländer von der Harmlosigkeit unserer Flotte zu überzeugen, was natürlich nur das Gegenteil bewirkte.

Zu meiner großen Überraschung wurde mir die Stelle im Oktober angeboten . Ich hatte mich nach langjähriger Tätigkeit als „ Personalreferent " aufs Land zurückgezogen , da es damals keine geeignete Stelle für mich gab. Ich verbrachte meine Zeit zwischen Flachs und Rüben, zwischen Pferden und Wiesen, las viel und veröffentlichte gelegentlich politische Aufsätze.

So hatte ich acht Jahre verbracht, und es waren dreizehn Jahre vergangen, seit ich die Gesandtschaft in Wien im Rang eines Gesandten verlassen hatte. Das war mein letzter wirklicher politischer Betätigungsbereich gewesen, denn zu jener Zeit war eine solche Tätigkeit unmöglich, es sei denn, man war bereit, einem halb verrückten Chef bei der Abfassung seiner mürrischen Befehle mit ihren verqueren Anweisungen zu helfen.

Ich weiß nicht, wer meine Berufung nach London verschuldet hat. Es war sicher nicht allein Seine Majestät, ich war kein Vertrauter von ihm, obwohl er mir gegenüber immer freundlich war. Ich weiß auch aus Erfahrung, dass seine Nominierungen im Allgemeinen auf erfolgreichen Widerstand stießen. Herr von Kiderlen hatte Herrn von Stumm wirklich nach London schicken wollen ! Er zeigte sofort unverkennbare Abneigung mir gegenüber und versuchte mich durch seine Unhöflichkeit einzuschüchtern. Herr von Bethmann Hollweg war mir damals wohlgesonnen und hatte mich erst kurz zuvor in Grätz besucht . Ich bin daher geneigt zu glauben, dass sie sich alle auf mich geeinigt haben, weil im Augenblick kein anderer Kandidat zur Verfügung stand . Ohne den unerwarteten Tod von Baron Marschall wäre ich damals ebenso wenig aus dem Ruhestand geholt worden wie zu jedem anderen Zeitpunkt in all den Jahren zuvor.

Es war gewiß der richtige Zeitpunkt für einen neuen Versuch, die Beziehungen zu England zu verbessern. Unsere rätselhafte Marokkopolitik hatte das Vertrauen in unsere Friedensabsichten wiederholt erschüttert. Zumindest hatte sie den Verdacht erweckt, wir wüssten nicht recht, was wir wollten, oder es sei unser Ziel, Europa in Atem zu halten *und*, wenn sich die Gelegenheit bot, Frankreich zu demütigen. Ein österreichischer Kollege, der schon lange in Paris war, sagte mir: „Wenn die Franzosen anfangen, die *Revanche zu vergessen*, erinnern Sie sie immer mit einem Springerstiefel daran."

von Herrn Delcassé, mit uns über Marokko zu einer Einigung zu kommen, zurückgewiesen und zuvor offiziell erklärt hatten, dass wir dort keine politischen Interessen hätten – was der Tradition der Bismarckschen Politik entsprach –, entdeckten wir plötzlich in Abdul Aziz einen zweiten Krüger. Wir versicherten ihm, wie den Buren, den Schutz des mächtigen Deutschen Reiches, mit derselben Zurschaustellung und demselben Ergebnis; beide Demonstrationen endeten mit unserem Rückzug, wie es unvermeidlich war, wenn wir uns nicht bereits entschlossen hätten, in den Weltkrieg einzutreten. Der beunruhigende Kongress von Algeçiras konnte daran nichts ändern, noch weniger der Sturz von Herrn Delcassé.

Unsere Haltung förderte die russisch-japanische und später auch die anglo-japanische *Annäherung*. Angesichts der „deutschen Gefahr" traten alle anderen Differenzen in den Hintergrund. Die Möglichkeit eines neuen deutsch-französischen Krieges war offensichtlich geworden, und ein solcher Krieg konnte, wie 1870, weder Russland noch England unberührt lassen.

Die Nutzlosigkeit des Dreibundes hatte sich in Algeçiras gezeigt, und die Nutzlosigkeit der dort erzielten Vereinbarungen zeigte sich kurz darauf durch den Zusammenbruch des Sultanats, der natürlich nicht verhindert werden konnte. Im deutschen Volk jedoch setzte sich die Überzeugung durch, dass unsere Außenpolitik schwach sei und vor der „Einkreisung" nachgeben würde – dass auf hochtrabende Phrasen eine kleinmütige Kapitulation folgte.

Kiderlen, der sonst als Staatsmann überschätzt wird, hoch anzurechnen, dass er unser marokkanisches Erbe abwickelte und die Tatsachen, die nicht mehr zu ändern waren, als solche hinnahm. Ob es tatsächlich notwendig war, die Welt durch den Agadir-Zwischenfall zu beunruhigen, überlasse ich anderen. In Deutschland wurde er mit Jubel aufgenommen, in England jedoch verursachte er umso mehr Unruhe, weil die Regierung drei Wochen lang auf eine Erklärung unserer Absichten warten musste. Lloyd Georges Rede, die als Warnung an uns gedacht war , war die Folge. Vor Delcassés Sturz und vor Algeçiras hätten wir vielleicht einen Hafen und ein Territorium an der Westküste haben können , aber nach diesen Ereignissen war das unmöglich.

SIR EDWARD GREYS PROGRAMM

November 1912 nach London kam , hatte sich die Aufregung um Marokko gelegt, da in Berlin eine Einigung mit Frankreich erzielt worden war. Zwar war Haldanes Mission gescheitert, da wir die Zusicherung der Neutralität verlangt hatten, anstatt uns mit einem Vertrag zufrieden zu geben, der uns vor britischen Angriffen und Angriffen mit britischer Unterstützung schützte. Doch hatte Sir Edward Grey die Idee, mit uns zu einer Einigung zu gelangen, nicht aufgegeben und versuchte dies in erster Linie in kolonialen und wirtschaftlichen Fragen. Es waren Gespräche mit dem fähigen und geschäftsmäßigen Gesandten von Kühlmann im Gange über die Erneuerung des portugiesischen Kolonialabkommens und Mesopotamiens (Bagdadbahn), dessen unerklärliches Ziel darin bestand, sowohl die Kolonien als auch Kleinasien in Einflusssphären aufzuteilen.

der britische Staatsmann alle noch offenen Meinungsverschiedenheiten mit Frankreich und Russland beigelegt hatte, wollte er ähnliche Vereinbarungen mit uns treffen. Es war nicht sein Ziel, uns zu isolieren, sondern uns nach besten Kräften zu Partnern der bestehenden Allianz zu machen. So wie es ihm gelungen war, die englisch-französischen und englisch-russischen Meinungsverschiedenheiten zu überwinden, so wollte er auch sein Bestes tun, um die englisch-deutschen zu beseitigen und durch ein Netz von Verträgen, die am Ende zweifellos zu einer Einigung über die schwierige Frage der Marinerüstung geführt hätten, den Weltfrieden zu sichern, nachdem unsere bisherige Politik zu einer Allianz – der Entente – geführt hatte, die eine gegenseitige Versicherung gegen das Kriegsrisiko darstellte.

Dies war Sir E. Greys Plan. In seinen eigenen Worten: Ohne unsere bestehende Freundschaft mit Frankreich und Russland zu beeinträchtigen, die keine aggressiven Ziele verfolgt und keine bindenden Verpflichtungen für England mit sich bringt, wollten wir zu einer freundlichen *Annäherung* und Verständigung mit Deutschland gelangen, „um die beiden Gruppen einander näher zu bringen".

Wie bei uns gab es damals in England zwei Parteien: die Optimisten, die an eine Verständigung glaubten, und die Pessimisten, die dachten, dass früher oder später ein Krieg unvermeidlich sei.

Zu den ersteren gehörten die Herren Asquith, Grey, Lord Haldane und die meisten Minister des radikalen Kabinetts; auch die führenden liberalen Zeitungen wie *Westminster Gazette* , *Manchester Guardian* und *Daily Chronicle* . Zu den Pessimisten gehörten vor allem konservative Politiker wie Herr Balfour, der mir dies wiederholt klar machte; auch führende Armeeangehörige wie Lord Roberts, der auf die Notwendigkeit der allgemeinen Wehrpflicht hinwies („The Writing on the Wall"); ferner die Northcliffe Press und der hervorragende englische Journalist Herr Garvin vom *Observer* . Während meiner Amtszeit enthielten sie sich jedoch aller Angriffe und behielten sowohl persönlich als auch politisch eine freundliche Haltung bei. Aber unsere Marinepolitik und unsere Haltung in den Jahren 1905, 1908 und 1911 hatten in ihnen die Überzeugung geweckt, dass es doch eines Tages zum Krieg kommen würde . Genau wie bei uns werden die ersteren jetzt in England der Kurzsichtigkeit und Einfalt bezichtigt, während die letzteren als die wahren Propheten angesehen werden.

DIE ALBANISCHE FRAGE

Der erste Balkankrieg hatte zum Zusammenbruch der Türkei und damit zu einer Niederlage unserer Politik geführt, die sich seit Jahren mit der Türkei identifiziert hatte. Da die Türkei in Europa nicht mehr zu retten war, gab es zwei Möglichkeiten, mit dem Erbe umzugehen: Entweder wir erklärten unsere völlige Uneigennützigkeit in Bezug auf die Grenzziehung und überließen es den Balkanmächten, diese zu regeln, oder wir unterstützten unsere „Verbündeten" und führten eine Dreibundpolitik im Nahen Osten durch, wobei wir die Rolle des Vermittlers aufgaben.

von Anfang an für den ersten Weg, das Außenministerium bevorzugte jedoch nachdrücklich den zweiten.

Der entscheidende Punkt war die albanische Frage. Unsere Verbündeten wollten die Gründung eines unabhängigen albanischen Staates, da die Österreicher den Serben keinen Zugang zur Adria gewähren wollten und die Italiener nicht wollten, dass die Griechen bis nach Valona oder auch nur bis in den Norden von Korfu vordrangen. Im Gegensatz dazu unterstützte Russland, wie bekannt ist, die Wünsche Serbiens und Frankreich die Wünsche Griechenlands.

Mein Rat war, diese Frage als außerhalb des Rahmens der Allianz stehend zu behandeln und weder die österreichischen noch die italienischen Ansprüche zu unterstützen. Ohne unsere Hilfe wäre es unmöglich gewesen, ein unabhängiges Albanien zu errichten, das, wie jeder voraussehen konnte, keine Überlebenschance hatte; Serbien hätte sich bis zum Meer ausgedehnt, und der gegenwärtige Weltkrieg wäre vermieden worden. Frankreich und Italien hätten sich um Griechenland gestritten , und wenn die Italiener nicht ohne Hilfe gegen Frankreich hätten kämpfen wollen, wären sie gezwungen gewesen, die Ausdehnung Griechenlands nördlich von Durazzo hinzunehmen . Der größte Teil Albaniens ist hellenisch. Die Städte im Süden sind vollständig hellenisch; und während der Botschafterkonferenz trafen Delegationen aus den wichtigsten Städten in London ein, um den Anschluss an Griechenland zu erreichen. Sogar im heutigen Griechenland gibt es albanische Elemente, und die sogenannte griechische Nationaltracht ist albanischer Herkunft. Die Einbeziehung der Albaner, die hauptsächlich Orthodoxe und Moslems sind, in den griechischen Staat war daher die beste und natürlichste Lösung, wenn man Skutari und den Norden den Serben und Montenegrinern überließ. Aus dynastischen Gründen war Seine Majestät auch für diese Lösung. Als ich diese Ansicht in einem Brief an den Monarchen unterstützte, erhielt ich vom Kanzler heftige Vorwürfe; er sagte, ich stünde im Ruf, ein „Gegner Österreichs" zu sein, und ich solle mich solcher Einmischung und direkter Korrespondenz enthalten.

DER NAHE OSTEN UND DIE POLITIK DES DREIBUNDES

Wir hätten endlich mit der verhängnisvollen Tradition brechen müssen, auch im Nahen Osten eine Politik des Dreibundes zu verfolgen, und unseren Fehler erkennen müssen, der darin bestand, dass wir uns im Süden mit den Türken und im Norden mit den Österreich-Magyaren identifizierten. Denn die Fortsetzung dieser Politik, die wir auf dem Berliner Kongress beschlossen und seither aktiv verfolgt hatten, musste mit der Zeit zwangsläufig zu einem Konflikt mit Russland und zum Weltkrieg führen, insbesondere wenn es in hohen Positionen an der erforderlichen Klugheit fehlte. Anstatt uns mit Russland auf der Grundlage der Unabhängigkeit des Sultans zu arrangieren, den selbst Petrograd nicht aus Konstantinopel vertreiben wollte, und uns auf unsere wirtschaftlichen Interessen im Nahen Osten und die Aufteilung Kleinasiens in Einflusssphären zu beschränken und dabei jede Absicht militärischer oder politischer Einmischung zu verleugnen, war es unser politischer Ehrgeiz, am Bosporus zu dominieren . In Russland begann man zu glauben, dass der Weg nach Konstantinopel und zum Mittelmeer *über* Berlin führe. Anstatt die aktive Entwicklung der Balkanstaaten zu unterstützen – die nach ihrer Befreiung alles andere als russisch waren und mit denen wir sehr zufriedenstellende Erfahrungen gemacht hatten – ergriffen wir Partei für die türkischen und magyarischen Unterdrücker.

Der fatale Fehler unserer Dreibund- und Nahostpolitik, der Russland, unseren natürlichen besten Freund und Nachbarn , in die Arme Frankreichs und Englands getrieben und von seiner asiatischen Expansionspolitik abgebracht hatte, war umso offensichtlicher, als wir einen französisch-russischen Angriff, der die *einzige* Hypothese darstellte, die eine Dreibundpolitik rechtfertigte, aus unseren Berechnungen herauslassen konnten.

Der Wert des italienischen Bündnisses bedarf keiner weiteren Erwähnung. Italien wird auch nach dem Krieg unser Geld und unsere Touristen wollen, mit oder ohne Bündnis. Dass uns letztere im Kriegsfall im Stich lassen würden, war schon im Voraus klar. Daher hatte das Bündnis *keinen Wert* . Österreich braucht im Krieg wie im Frieden unseren Schutz und hat keine andere Unterstützung. Seine Abhängigkeit von uns beruht auf politischen, nationalen und wirtschaftlichen Erwägungen und ist umso größer, je inniger unsere Beziehungen zu Russland sind. Die Bosnienkrise hat uns dies gelehrt. Seit den Tagen des Grafen Beust hat kein Wiener Minister eine so selbstbewusste Haltung uns gegenüber eingenommen wie Graf Aehrenthal in seinen späteren Lebensjahren. Wenn die deutsche Politik richtig geführt wird und die Beziehungen zu Russland pflegt, ist Österreich-Ungarn unser Vasall und von uns abhängig, auch ohne Bündnis oder Entschädigung; wenn sie falsch geführt wird, sind wir von Österreich abhängig. Daher gab es *keinen Grund* für das Bündnis.

Ich kannte Österreich zu gut, um nicht zu wissen, dass eine Rückkehr zur Politik des Fürsten Felix Schwarzenberg oder des Grafen Moritz Esterhazy dort undenkbar war. So wenig die Slawen uns dort lieben, so wenig wollen sie in ein Deutsches Reich zurückkehren, selbst mit einem habsburgisch-lothringischen Kaiser an der Spitze . Sie streben in Österreich eine Föderation auf nationaler Ebene an, ein Zustand, der innerhalb des Deutschen Reiches noch weniger Chancen hätte, verwirklicht zu werden als unter dem Doppeladler. Die Deutschen Österreichs jedoch erkennen Berlin als das Zentrum deutscher Macht und Kultur an und sind sich durchaus bewusst, dass Österreich nie wieder die führende Macht sein kann. Sie wünschen sich eine möglichst enge Verbindung mit dem Deutschen Reich, nicht eine antideutsche Politik.

Seit den siebziger Jahren hat sich die Lage in Österreich wie in Bayern grundlegend geändert. Wie in Bayern eine Rückkehr zum großdeutschen Separatismus und zur altbayerischen Politik nicht zu befürchten ist, so war auch in Bayern eine Wiederbelebung der Politik der Fürsten Kaunitz und Schwarzenberg nicht zu erwarten. Durch eine Föderation mit Österreich jedoch, das einem großen Belgien ähnelt, da seine Bevölkerung, auch ohne Galizien und Dalmatien, nur etwa zur Hälfte germanisch ist, würden unsere Interessen ebenso leiden, als wenn wir unsere Politik den Ansichten Wiens oder Budapests unterordnen und uns so Österreichs Streitigkeiten anschließen würden (" *d'épouser les querelles d'Autriche* ").

daher nicht verpflichtet, auf die Wünsche unseres Verbündeten Rücksicht zu nehmen; sie waren nicht nur unnötig, sondern auch gefährlich, da sie zu einem Konflikt mit Russland führen würden, wenn wir die orientalischen Fragen durch die österreichische Brille betrachteten.

Die Entwicklung des Bündnisses von einer Union, die auf einer einzigen Hypothese für einen einzigen bestimmten Zweck gegründet wurde, zu einer allgemeinen und unbegrenzten Vereinigung, einer Bündelung von Interessen auf allen Gebieten, war der beste Weg, das zu erreichen, was die Diplomatie verhindern sollte – Krieg. Eine solche „Bündnispolitik" war auch darauf angelegt , uns die Sympathien der starken, jungen, aufstrebenden Gemeinschaften auf dem Balkan zu entfremden, die bereit waren, sich uns zuzuwenden und uns ihre Märkte zu öffnen.

Der Unterschied zwischen der Macht eines herrschenden Hauses und einem Nationalstaat, zwischen dynastischen und demokratischen Regierungsvorstellungen musste entschieden werden, und wie üblich standen wir auf der falschen Seite.

König Carol teilte einem unserer Vertreter mit, dass er das Bündnis mit uns in der Annahme eingegangen sei, dass wir die Führung behielten. Wenn diese jedoch an Österreich übergehe, würde dies die Grundlagen der Beziehung verändern und unter solchen Umständen wäre er nicht in der Lage, sie fortzusetzen.

Ähnlich verhielt es sich in Serbien, wo wir entgegen unseren wirtschaftlichen Interessen die österreichische Strangulationspolitik unterstützten.

Jedes Mal haben wir auf die falschen Pferde gesetzt, deren Zusammenbruch vorhersehbar war : Krüger , Abdul Aziz, Abdul Hamid, Wilhelm von Wied , was schließlich – der fatalste aller Fehler – mit dem großen Sturz im Stall der Berchtolds endete .

DIE BOTSCHAFTERKONFERENZ

Kurz nach meiner Ankunft in London, Ende 1912, schlug Sir E. Grey ein informelles Gespräch vor, um zu verhindern, dass sich der Balkankrieg zu einem europäischen ausweitete, nachdem wir uns bei Ausbruch des Krieges leider geweigert hatten, dem französischen Vorschlag einer Uneigennützigkeitserklärung zuzustimmen. Der britische Staatsmann vertrat von Anfang an den Standpunkt, dass England kein Interesse an Albanien habe und nicht beabsichtige, wegen dieser Frage in den Krieg zu ziehen. Er wollte lediglich als „ehrlicher Makler" zwischen den beiden Gruppen vermitteln und Schwierigkeiten glätten. Er ergriff also keineswegs Partei für die Entente, und während der etwa acht Monate dauernden Verhandlungen trugen sein guter Wille und sein autoritärer Einfluss in nicht geringem Maße zum Zustandekommen einer Einigung bei. Statt eine ähnliche Haltung wie die Engländer einzunehmen, nahmen wir ausnahmslos die Position ein, die uns von Wien vorgeschrieben wurde. Graf Mensdorff war der Führer des Dreibundes in London; ich war sein „Sekunden". Es war meine Pflicht, seine Vorschläge zu unterstützen. Dieser kluge und erfahrene Mann, Graf Szögyenyi, leitete die Geschäfte in Berlin. Sein Refrain war: „Dann wird der *casus fœderis* eintreten", und als ich es einmal wagte, die Wahrheit dieser Schlussfolgerung anzuzweifeln , wurde ich streng wegen „ Austrophobie " gerügt. Es wurde auch gesagt, dass ich eine „erbliche Schwäche" hätte – die Anspielung bezog sich auf meinen Vater.

In allen Fragen standen wir auf der Seite Österreichs und Italiens – in Albanien, in Skutari, einem serbischen Hafen an der Adria, und auch in der Frage der Grenzziehung Albaniens –, während Sir E. Grey die Ansprüche Frankreichs oder Russlands kaum unterstützte. Meistens unterstützte er unsere Gruppe, um keinen Vorwand zu liefern, wie ihn später ein toter Erzherzog liefern sollte. So gelang es mit seiner Hilfe, König Nikita wieder aus Skutari herauszulocken. Sonst hätte diese Frage bereits zu einem Weltkrieg geführt, denn wir hätten es sicher nicht gewagt, „unseren Verbündeten" zum Nachgeben zu bewegen.

Sir E. Grey führte die Verhandlungen mit Umsicht, Ruhe und Takt. Wenn eine Frage zu kompliziert zu werden drohte, entwarf er eine auf den Punkt gebrachte Formel zur Einigung , die stets akzeptiert wurde. Seine Persönlichkeit flößte allen Teilnehmern gleichermaßen Vertrauen ein.

Tatsächlich hatten wir wieder eine jener Kräftemessen erfolgreich überstanden, die unsere Politik kennzeichnen . Rußland hatte uns in allen Punkten nachgeben müssen, da es nie in der Lage war, den serbischen Zielen zum Erfolg zu verhelfen. Albanien wurde zu einem Vasallenstaat Österreichs gemacht und Serbien vom Meer zurückgedrängt. Daher bedeutete diese Konferenz eine neue Demütigung für das russische Selbstwertgefühl. Wie 1878 und 1908 hatten wir uns den russischen Plänen widersetzt, obwohl keine *deutschen* Interessen im Spiel waren. Bismarck war klug genug, den Fehler des Kongresses durch den Geheimvertrag und durch seine Haltung in der Battenberg-Frage abzumildern; wir aber verfolgten in London weiterhin den gefährlichen Weg, den wir in der bosnischen Frage erneut eingeschlagen hatten, und verließen ihn nicht rechtzeitig, als er uns in den Abgrund führte.

Die damals in Russland vorherrschende schlechte Laune zeigte sich während der Konferenz in Angriffen der russischen Presse gegen meinen russischen Kollegen und die russische Diplomatie. Die unzufriedenen Kreise machten sich seine deutsche Abstammung und seinen römischen Katholizismus zunutze, seinen Ruf als Freund Deutschlands und den Zufall, dass er sowohl mit Graf Mensdorff als auch mit mir verwandt war . Graf Benckendorff ist zwar keine besonders vornehme Persönlichkeit, verfügt aber über eine Reihe von Eigenschaften, die einen guten Diplomaten auszeichnen: Takt, kultivierte Umgangsformen, Erfahrung, Höflichkeit und ein natürliches Auge für Menschen und Dinge. Er war stets bemüht, eine schroffe Haltung zu vermeiden, und wurde dabei von England und Frankreich unterstützt .

Später sagte ich ihm einmal: „Ich nehme an, dass die russische Stimmung sehr antideutsch ist." Er antwortete: „Es gibt auch sehr starke und einflussreiche prodeutsche Kreise, aber im Großen und Ganzen sind die Leute antiösterreichisch."

Es bedarf kaum der Ergänzung, dass unsere „ Austrophilie à outrance " (Freundschaft mit Österreich durch dick und dünn) kaum dazu geeignet war, die Entente zu lockern und Russland auf seine asiatischen Interessen auszurichten!

DIE BALKANKONFERENZ

Zur gleichen Zeit tagte in London die Balkankonferenz, und ich hatte Gelegenheit, mit den Führern der Balkanstaaten in Verbindung zu treten. Herr Venizelos war sicherlich die bedeutendste Persönlichkeit. Er war damals alles andere als antideutsch eingestellt und besuchte mich mehrere Male; besonders gern trug er das Band des Roten Adlerordens, er trug es sogar in der französischen Botschaft. Sein einnehmender Charme und sein weltmännisches Wesen sicherten ihm viele Sympathien. Neben ihm spielte Herr Daneff , damals bulgarischer Ministerpräsident und Vertrauter des Grafen Berchtold , eine große Rolle. Er machte den Eindruck eines feinsinnigen und energischen Mannes, und wahrscheinlich war es nur dem Einfluss seiner Wiener und Budapester Freunde zu verdanken, über deren Huldigung er sich oft lustig machte, dass er die Torheit beging, in den zweiten Balkankrieg einzutreten und die russische Schlichtung abzulehnen.

Herr Take Jonescu war auch häufig in London und besuchte mich dann regelmäßig. Ich kannte ihn aus meiner Zeit als Sekretär in Bukarest. Er war auch ein Freund von Herrn von Kiderlen . In London versuchte er, durch

Verhandlungen, bei denen ihm der sehr fähige rumänische Botschafter Misu zur Seite stand , Zugeständnisse an Rumänien von Herrn Daneff zu erreichen . Es ist bekannt , dass diese Verhandlungen aufgrund bulgarischen Widerstandes scheiterten. Graf Berchtold (und natürlich auch wir) standen ganz auf der Seite Bulgariens, sonst hätten wir durch Druck auf Herrn Daneff die gewünschte Genugtuung für Rumänien erreichen und es uns gegenüber in eine Verpflichtung bringen können; es war durch die Haltung Österreichs während und nach dem zweiten Balkankrieg endgültig von den Mittelmächten entfremdet.

DER ZWEITE BALKANKRIEG

Die Niederlage Bulgariens im zweiten Balkankrieg und der Sieg Serbiens mit der rumänischen Invasion stellten natürlich eine Demütigung für Österreich dar. Der Plan, dies durch eine Expedition gegen Serbien zu korrigieren, scheint bald darauf in Wien entwickelt worden zu sein. Die italienischen Enthüllungen beweisen dies, und es ist anzunehmen, dass Marquis San Giuliano, der den Plan – sehr treffend – als *pericolosissima* bezeichnete , *aventura* , *bewahrte uns* bereits im Sommer 1913 vor der Verwicklung in einen Weltkrieg .

Aufgrund der engen russisch-italienischen Beziehungen war der Wiener Plan zweifellos in Petrograd bekannt . Jedenfalls erklärte Herr Sazonow in Konstanza offen , wie Herr Take Jonescu mir erzählte, dass ein österreichischer Angriff auf Serbien ein *Casus Belli für Russland* wäre .

1914 einer meiner Mitarbeiter aus dem Urlaub in Wien zurückkam, sagte er, Herr von Tschirschky habe erklärt, es werde bald Krieg geben. Da ich jedoch über wichtige Ereignisse immer im Unklaren blieb, hielt ich diesen Pessimismus für unbegründet.

Tatsächlich scheint es, als sei Wien seit dem Frieden von Bukarest darauf aus, aus eigener Kraft eine Revision des Vertrages zu erwirken und habe offenbar nur auf einen günstigen Vorwand gewartet. Die Wiener Staatsmänner konnten natürlich auf unsere Unterstützung zählen. Sie waren sich dessen bewusst, denn ihnen war wiederholt mangelnde Entschlossenheit vorgeworfen worden. Tatsächlich drängte Berlin auf eine „Rehabilitierung Österreichs".

LIMAN VON SANDERS

Dezember 1913 von einem längeren Urlaub nach London zurückkehrte ,
hatte die Liman-von-Sanders-Frage zu einer neuen Krise in unseren
Beziehungen zu Russland geführt. Sir E. Grey machte mich nicht ohne
Besorgnis auf die Aufregung aufmerksam, die in Petrograd darüber
herrschte: „Ich habe sie noch nie so aufgeregt gesehen."

Aus Berlin erhielt ich die Anweisung, den Minister zu bitten, in Petrograd
einen mäßigenden Einfluss auszuüben und uns bei der Beilegung des Streits
zu helfen. Sir Edward kam dieser Bitte gern nach, und sein Eingreifen trug
in nicht geringem Maße zur Bereinigung der Angelegenheit bei. Meine guten
Beziehungen zu Sir Edward und sein großer Einfluss in Petrograd wurden
wiederholt in ähnlicher Weise ausgenutzt, wenn wir dort etwas erreichen
wollten, da sich unser Vertreter für einen solchen Zweck als völlig
unbrauchbar erwies.

In den schicksalshaften Julitagen des Jahres 1914 sagte Sir Edward zu mir:
„Wenn Sie in Petrograd etwas erreichen wollen, wenden Sie sich immer an
mich, aber wenn ich Sie um Ihren Einfluss in Wien bitte, lassen Sie mich im
Stich."

DER KOLONIALVERTRAG

Die guten und vertrauensvollen Beziehungen, die ich nicht nur zur
Gesellschaft und den einflussreichsten Leuten wie Sir E. Grey und Mr.
Asquith, sondern auch zur breiten Öffentlichkeit bei öffentlichen
Abendessen aufbauen konnte, führten zu einer deutlichen Verbesserung der
Beziehungen zwischen den beiden Ländern. Sir Edward versuchte aufrichtig,
diese *Annäherung zu bestätigen* , und seine Absichten waren in zwei Fragen am
deutlichsten erkennbar – dem Kolonialvertrag und dem Bagdadbahnvertrag.

Im Jahre 1898 hatten Graf Hatzfeld und Herr Balfour ein geheimes
Abkommen unterzeichnet, das die portugiesischen Kolonien in
wirtschaftliche Einflusssphären zwischen uns und England aufteilte. Da die
portugiesische Regierung weder die Macht noch die Mittel hatte, ihre
ausgedehnten Besitztümer zu erschließen oder sie angemessen zu verwalten,
hatte sie schon vorher daran gedacht, sie zu verkaufen und so ihre
finanziellen Belastungen zu verringern. Zwischen uns und England war eine
Vereinbarung getroffen worden, die die Interessen beider Parteien definierte
und die umso wertvoller war, als Portugal, wie allgemein bekannt ist, völlig
von England abhängig ist.

Oberflächlich betrachtet sollte dieses Abkommen die Integrität und
Unabhängigkeit des portugiesischen Staates schützen und erklärte lediglich

die Absicht, den Portugiesen finanzielle und wirtschaftliche Hilfe zu leisten. Wörtlich verstieß es daher nicht gegen die alte anglo-portugiesische Allianz des 15. Jahrhunderts, die zuletzt unter Karl II. erneuert wurde und eine gegenseitige Gebietsgarantie bot.

Trotzdem kam es dank der Bemühungen des Marquis Soveral , der vermutlich von dem deutsch-britischen Abkommen wusste, im Jahr 1899 zu einem neuen Vertrag zwischen England und Portugal, dem sogenannten Vertrag von Windsor. Dieser bestätigte die alten Abkommen, die stets in Kraft geblieben waren.

Gegenstand der Verhandlungen zwischen uns und England, die schon vor meiner Ankunft begonnen hatten, war die Änderung und Verbesserung unseres Abkommens von 1898, das sich hinsichtlich der geographischen Abgrenzung in mehreren Punkten als unbefriedigend erwiesen hatte. Dank der entgegenkommenden Haltung der britischen Regierung gelang es mir, das neue Abkommen unseren Wünschen und Interessen entsprechend zu gestalten. Ganz Angola bis zum 20. Längengrad wurde uns zugesprochen, so dass wir uns von Süden her bis zum Kongostaat erstreckten; außerdem erwarben wir die wertvollen Inseln San Thomé und Principe, die nördlich des Äquators liegen und damit eigentlich in französischer Einflusssphäre liegen, was meinen französischen Kollegen zu heftigen, aber erfolglosen Protesten veranlasste.

Weiter erlangten wir den nördlichen Teil Mosambiks; der Licango bildete die Grenze.

Die britische Regierung zeigte größte Rücksicht auf unsere Interessen und Wünsche. Sir E. Grey wollte uns seine Wohlwollen beweisen, aber er wollte auch unsere koloniale Entwicklung insgesamt unterstützen, da England hoffte, die deutsche Machtentwicklung von der Nordsee und Westeuropa auf den Ozean und nach Afrika umzulenken. „Wir wollen Deutschland seine koloniale Entwicklung nicht missgönnen", sagte mir ein Mitglied des Kabinetts.

Die britische Regierung hatte ursprünglich die Absicht, den Kongostaat in das Abkommen einzubeziehen, was uns ein Vorkaufsrecht eingeräumt und uns einen wirtschaftlichen Zugang ermöglicht hätte. Wir lehnten dieses Angebot nominell im Hinblick auf die belgischen Empfindlichkeiten ab. Vielleicht wollten wir mit Erfolgen sparsam umgehen? Auch im Hinblick auf die praktische Verwirklichung seiner eigentlichen, wenn auch unausgesprochenen Absicht, nämlich der späteren tatsächlichen Aufteilung der portugiesischen Kolonien, wies der Vertrag in seiner neuen Form gegenüber dem alten deutliche Verbesserungen und Vorteile auf. Es waren Fälle festgelegt worden, die uns ermächtigten, Maßnahmen zur Wahrung unserer Interessen in den uns zugewiesenen Gebieten zu ergreifen. Diese waren so formuliert, dass es uns eigentlich überlassen blieb, bei „vitalen" Interessen zu entscheiden, so dass es bei der völligen Abhängigkeit Portugals von England nur notwendig war, weiterhin gute Beziehungen zu England zu pflegen, um unsere gemeinsamen Absichten zu einem späteren Zeitpunkt mit englischer Zustimmung durchzuführen.

Die Aufrichtigkeit des Wunsches der britischen Regierung, unsere Rechte zu respektieren, zeigte Sir E. Grey, indem er uns Engländer, die Kapital investieren wollten und um die Unterstützung der britischen Regierung in den uns durch das neue Abkommen zugewiesenen Gebieten baten, noch vor dessen Abschluss und Unterzeichnung ansprach und sie darüber informierte, dass ihr Unternehmen zu unserem Einflussbereich gehörte.

Das Abkommen war praktisch abgeschlossen, als der König im Mai 1913 Berlin besuchte. Zu dieser Zeit fand in Berlin eine Konferenz unter dem Vorsitz des Reichskanzlers statt; an dieser Konferenz nahm ich auch teil, und es wurden einige unserer weiteren Wünsche definiert. Nach meiner Rückkehr nach London gelang es mir mit Hilfe des Legationsrats von Kühlmann , der mit Herrn Parker an dem Abkommen arbeitete, unsere letzten Vorschläge einzubringen, so dass das gesamte Abkommen im August 1913, bevor ich in Urlaub ging, von Sir E. Grey und mir in Paragraphen ausgearbeitet werden konnte.

Nun aber traten neue Schwierigkeiten auf, die eine Unterzeichnung verhinderten, und die Genehmigung zum Abschluss des Vertrages erhielt ich erst ein Jahr später, also kurz vor Ausbruch des Krieges. Zu einer Unterzeichnung kam es jedoch nie .

Sir E. Grey war nur bereit, zu unterzeichnen, *wenn das Abkommen zusammen mit denen von 1898 und 1899 veröffentlicht würde* . England habe, wie er sagte, außer diesen keine weiteren Geheimverträge, und es widerspreche etablierten Grundsätzen, verbindliche Abkommen geheim zu halten. Daher könne er kein Abkommen abschließen, ohne es zu veröffentlichen. Er sei jedoch bereit, unseren Wünschen hinsichtlich Zeitpunkt und Art der Veröffentlichung nachzukommen, vorausgesetzt, dass diese Veröffentlichung innerhalb eines Jahres nach dem Datum der Unterzeichnung erfolge.

In unserem Auswärtigen Amt, wo meine Londoner Erfolge zunehmende Unzufriedenheit hervorgerufen hatten und wo eine einflußreiche Persönlichkeit, die die Rolle des Herrn von Holstein spielte, den Londoner Posten für sich beanspruchte, teilte man mir mit , daß die Veröffentlichung unsere Interessen in den Kolonien gefährden würde, da die Portugiesen uns dann keine Konzessionen mehr machen würden.

Die Sinnlosigkeit dieses Einwandes wird deutlich, wenn man bedenkt, dass die Portugiesen angesichts der engen englisch-portugiesischen Beziehungen höchstwahrscheinlich ebenso gut über das alte Abkommen Bescheid wussten wie über unsere neuen Regelungen, und dass der Einfluss, den England in Lissabon besitzt, ihre Regierung gegenüber einem englisch-deutschen Abkommen völlig machtlos macht.

ein neuer Vorwand gefunden werden, um den Vertrag zu kippen. Man ging davon aus , dass die Veröffentlichung des Vertrags von Windsor, der während der Amtszeit des Fürsten Hohenlohe abgeschlossen worden war – obwohl es sich dabei nur um eine Erneuerung des Vertrags Karls II. handelte, der immer in Kraft geblieben war – die Position des Herrn von Bethmann gefährden könnte. Hollweg , als Beweis der britischen Heuchelei und Niedertracht!

Ich wies darauf hin, dass die Präambel unseres Abkommens dasselbe ausdrückte wie der Vertrag von Windsor und andere ähnliche Verträge, nämlich dass wir die Souveränitätsrechte Portugals und die Unverletzlichkeit seiner Besitztümer schützen würden. Vergeblich! Trotz wiederholter Diskussionen mit Sir E. Grey, bei denen er viele neue Vorschläge für die Veröffentlichung machte, beharrte das Außenministerium auf seiner Haltung und vereinbarte schließlich mit Sir E. Goschen , dass die Dinge so bleiben sollten , wie sie waren!

Der Vertrag, der uns außerordentliche Vorteile bot und das Ergebnis von mehr als einem Jahr Arbeit war, wurde daher fallengelassen, weil er für mich ein öffentlicher Erfolg gewesen wäre.

Als ich das Thema im Frühjahr 1914 bei einem Abendessen in der Botschaft gegenüber Herrn Harcourt erwähnte, teilte mir der Kolonialminister mit, dass er sich in einer schwierigen Lage befände und nicht wisse, wie er handeln solle. Die gegenwärtige Lage sei unerträglich – er wolle unsere Interessen schützen, sei sich aber nicht sicher, ob er nach den Bedingungen des alten oder des neuen Vertrags vorgehen solle. Es sei daher dringend wünschenswert, die Situation zu klären und die Angelegenheit zu regeln, die sich so lange hingezogen habe.

entsprechende Depesche erhielt ich Anweisungen, die eher emotional als höflich formuliert waren und mir sagten, ich solle mich jeder weiteren Einmischung in die Angelegenheit enthalten.

Heute bedauere ich, dass ich nicht sofort nach Berlin gereist bin und meinen Posten dem Monarchen zur Verfügung gestellt habe und dass ich den Glauben an eine mögliche Verständigung mit den Machthabern nicht aufgegeben habe – ein folgenschwerer Fehler, der sich wenige Monate später auf tragische Weise rächen sollte .

So wenig ich auch damals schon das Wohlwollen des höchsten Beamten des Reiches genoss, da er befürchtete, ich strebe nach seinem Posten, so muss ich ihm doch gerechterweise sagen, dass er mir bei unserer letzten Unterredung vor Kriegsausbruch Ende Juni 1914, auf die ich später noch eingehen werde, seine Zustimmung zur Unterzeichnung und Veröffentlichung des Vertrages gab. Trotzdem bedurfte es wiederholter Anträge meinerseits, die von Herrn Dr. Solf in Berlin unterstützt wurden, bevor Ende Juli 1914 endlich die Genehmigung erteilt wurde. Da die serbische Krise zu dieser Zeit bereits den Frieden Europas gefährdete , musste der Abschluss des Vertrages verschoben werden . Auch er ist eines der Opfer dieses Krieges.

DER VERTRAG VON BAGDAD

Zur gleichen Zeit verhandelte ich in London mit der fähigen Unterstützung von Herrn von Kühlmann über den sogenannten Bagdad-Vertrag. Dessen eigentlicher Zweck war die Aufteilung Kleinasiens in Einflusssphären, obwohl dieser Begriff im Hinblick auf die Rechte des Sultans eifrig vermieden wurde. Sir E. Grey stellte auch wiederholt fest, dass keine Vereinbarungen mit Frankreich und Russland über die Aufteilung Kleinasiens bestehen.

In Absprache mit einem türkischen Vertreter, Hakki Pascha, wurden alle wirtschaftlichen Fragen deutscher Unternehmungen im wesentlichen nach den Wünschen der Deutschen Bank geregelt . Das wichtigste Zugeständnis, das Sir E. Grey mir persönlich machte, war die Weiterführung der Eisenbahn bis Basra. Diesen Punkt hatten wir zugunsten der Verbindung nach Alexandretta aufgegeben; bis dahin war Bagdad der Endpunkt der Eisenbahn. Eine internationale Kommission sollte die Schifffahrt auf dem Schatt-el-Arab regeln. Wir sollten auch an den Hafenanlagen von Basra beteiligt werden und erhielten Rechte für die Schifffahrt auf dem Tigris, die bis dahin ein Monopol der Firma Lynch gewesen war.

Durch diesen Vertrag wurde ganz Mesopotamien bis Basra (unbeschadet der bereits bestehenden britischen Schifffahrtsrechte auf dem Tigris und der Rechte der Bewässerungswerke von Wilcox) sowie das gesamte Gebiet der Bagdad- und Anatolischen Eisenbahn in unseren Einflussbereich einbezogen.

Die Küste des Persischen Golfs und die Smyrna- Aidin- Eisenbahn wurden als britischer Wirtschaftsbereich anerkannt , Syrien als französischer und Armenien als russischer. Wenn beide Verträge ausgeführt und veröffentlicht würden, wäre eine Vereinbarung mit England erreicht, die alle Zweifel an der Möglichkeit einer „englisch-deutschen Zusammenarbeit" ausschließen würde.

DIE FRAGE DER MARINE

Die Marinefrage war und ist die heikelste von allen. Sie wird nicht immer richtig betrachtet.

Die Schaffung einer mächtigen Flotte jenseits der Nordsee, die Entwicklung der größten Militärmacht des Kontinents auch zur größten Seemacht, mußte in England als zumindest "unangenehm" empfunden werden. Daran kann bei vernünftiger Betrachtung kein Zweifel bestehen. Um seinen Vorteil zu wahren und nicht abhängig zu werden, um die Herrschaft über die Meere zu sichern, die es braucht, wenn es nicht verhungern will, war es gezwungen, Rüstungen und Ausgaben zu tätigen, die den Steuerzahler schwer belasteten. Englands internationale Stellung wäre jedoch bedroht, wenn unsere Politik den Glauben erweckte, daß kriegerische Entwicklungen die Folge sein könnten - ein Zustand, der während der Marokkokrise und des Bosnienproblems beinahe erreicht worden war.

Großbritannien hatte sich *innerhalb der damals festgelegten Grenzen mit unserer Flotte abgefunden* , aber sie war gewiß nicht willkommen und war einer der Gründe - wenn auch nicht der einzige und vielleicht nicht der wichtigste - für den Anschluss Großbritanniens an Frankreich und Rußland. Allein wegen unserer Flotte *hätte* England allerdings ebensowenig das Schwert gezogen wie wegen unseres Handels, der angeblich Eifersucht und schließlich Krieg hervorrief.

Von Anfang an war ich der Meinung, dass es *trotz* der Flotte möglich wäre, zu einem freundschaftlichen Verständnis und *einer Annäherung zu gelangen* , wenn wir kein neues Marinegesetz einbringen und *unsere Politik zweifellos friedlich ist* . Ich vermied auch die Erwähnung der Flotte, und zwischen Sir E. Grey und mir wurde nie ein Wort darüber ausgetauscht. Einmal sagte Sir E. Grey bei einer Kabinettssitzung: „Der gegenwärtige deutsche Botschafter hat mir gegenüber nie die Flotte erwähnt."

Während meiner Amtszeit schlug Mr. Churchill, damals Erster Lord der Admiralität, bekanntlich den sogenannten „Naval Holiday" vor und schlug aus finanziellen Gründen und wahrscheinlich auch , um den friedlichen Wünschen seiner Partei entgegenzukommen, eine einjährige Rüstungspause vor. Offiziell unterstützte Sir E. Grey den Vorschlag nicht; er erwähnte ihn mir gegenüber nie, aber Mr. Churchill sprach wiederholt mit mir darüber.

Ich bin überzeugt, dass sein Vorschlag ehrlich war, denn Ausflüchte sind der englischen Natur völlig fremd. Es wäre ein großer Erfolg für Herrn Churchill gewesen, wenn er dem Land mit Ausgabenkürzungen hätte entgegenkommen und es von dem Alptraum der Rüstung befreien können, der auf der Bevölkerung lastete.

Ich antwortete, dass es aus technischen Gründen schwierig sein würde, seinem Plan zuzustimmen. Was sollte aus den Arbeitern werden , die zu diesem Zweck eingestellt wurden, und was aus dem technischen Personal? Unser Marineprogramm Es sei beschlossen worden, und es werde schwierig sein, daran etwas zu ändern. Andererseits hätten wir nicht die Absicht, es zu überschreiten. Aber er kam noch einmal darauf zurück und wies darauf hin, dass die für die enormen Rüstungen aufgewendeten Summen besser für andere und nützliche Zwecke eingesetzt werden könnten. Ich antwortete, dass auch diese Ausgaben unserer heimischen Industrie zugute kämen.

Durch Gespräche mit Sit W. Tyrrell, Sir E. Greys erstem Privatsekretär, gelang es mir, die Frage von der Tagesordnung zu streichen, ohne dass es zu Missstimmungen kam , obwohl sie im Parlament erneut zur Sprache kam, und jeden offiziellen Vorschlag zu verhindern. Es handelte sich jedoch um eine Lieblingsidee von Herrn Churchill und der Regierung, und ich denke, dass wir durch die Übernahme seines Plans und der Formel 16:10 für Schlachtschiffe einen greifbaren Beweis unseres guten Willens hätten geben und die (in der Regierung bereits vorhandene) Tendenz, engere Beziehungen zu uns einzugehen, verstärken und fördern können.

Aber wie gesagt, es war möglich, *trotz Flotte* und ohne „Marineferien" eine Verständigung zu erreichen. Ich hatte meine Mission immer unter diesem Gesichtspunkt betrachtet und es war mir auch gelungen, meine Pläne zu verwirklichen , als der Ausbruch des Krieges alles, was ich erreicht hatte, zunichtemachte.

KOMMERZIELLE EIFERSUCHT

Die „Handelseifersucht", von der wir so viel hören, beruht auf einer falschen Auffassung der Umstände. Sicherlich war Deutschlands Aufstieg zur

Handelsmacht nach dem Krieg von 1870 und während der folgenden Jahrzehnte eine Bedrohung für die britischen Handelskreise, die mit ihren Industrien und Exporthäusern praktisch ein Handelsmonopol innehatten. Der zunehmende Handel mit Deutschland, das hinsichtlich der britischen Exporte das führende Land in Europa war – eine Tatsache, auf die ich in meinen öffentlichen Reden immer wieder verwies –, hatte jedoch den Wunsch geweckt, freundschaftliche Beziehungen zu ihrem besten Kunden und Geschäftsfreund aufrechtzuerhalten, und alle anderen Überlegungen in den Hintergrund gedrängt.

Der Brite ist sachlich, er nimmt die Dinge, wie sie sind, und kämpft nicht gegen Windmühlen. Insbesondere in Handelskreisen begegnete mir der freundlichste Geist und das Bemühen , unsere gemeinsamen wirtschaftlichen Interessen zu fördern. Tatsächlich interessierte sich dort niemand für den russischen, italienischen, österreichischen oder gar französischen Vertreter, trotz seiner markanten Persönlichkeit und seiner politischen Erfolge. Nur der deutsche und der amerikanische Botschafter erregten öffentliche Aufmerksamkeit.

Um mit wichtigen Handelskreisen in Kontakt zu kommen, nahm ich Einladungen der United Chambers of Commerce sowie der Londoner und Bradforder Handelskammer an und war Gast der Städte Newcastle und Liverpool. Überall wurde ich gut aufgenommen; auch Manchester, Glasgow und Edinburgh hatten mich eingeladen, und ich hatte vor, später dorthin zu gehen.

Leute, die die britischen Verhältnisse nicht verstanden und die Bedeutung „öffentlicher Diners “ nicht erkannten , Leute, denen meine Erfolge nicht gefielen, warfen mir vor, mit meinen Reden Schaden angerichtet zu haben. Ich glaube im Gegenteil, dass ich durch mein öffentliches Auftreten und die Betonung gemeinsamer Handelsinteressen in nicht geringem Maße zur Verbesserung der Beziehungen beigetragen habe, ganz abgesehen davon, dass es ungeschickt und unhöflich gewesen wäre, alle Einladungen abzulehnen.

in allen anderen Kreisen erfuhr ich die freundlichste Aufnahme und herzlichste Zusammenarbeit – bei Hofe, in der Gesellschaft und von Seiten der Regierung.

GERICHT UND GESELLSCHAFT

Der König ist zwar kein Genie, aber ein einfacher und wohlmeinender Mann mit gesundem Menschenverstand. Er zeigte mir seine Güte und war offen darauf bedacht, meine Aufgabe zu unterstützen. Obwohl die britische Verfassung der Krone nur sehr begrenzte Machtbefugnisse einräumt, kann der Monarch aufgrund seiner Position einen erheblichen Einfluss auf die Meinung sowohl in der Gesellschaft als auch in der Regierung ausüben. Die Krone ist die Spitze der sozialen Pyramide; sie bestimmt die Mode. Die Gesellschaft, die hauptsächlich unionistisch (konservativ) ist, hat sich schon immer aktiv für Politik interessiert – eine Gewohnheit, die auch die Damen teilen. Sie ist im House of Lords, im House of Commons und damit auch im Kabinett vertreten. Ein Engländer ist entweder ein Mitglied der Gesellschaft oder er möchte eines sein. Er ist ständig bestrebt, ein „Gentleman" zu sein, und selbst Menschen von unscheinbarer Herkunft wie Mr. Asquith erfreuen sich daran, sich in die Gesellschaft und die Gesellschaft schöner und modischer Frauen zu mischen.

Die britischen Herren beider Parteien haben die gleiche Erziehung, besuchen dieselben Colleges und Universitäten und betreiben dieselben Freizeitbeschäftigungen – Golf, Kricket, Rasentennis oder Polo. Alle haben in ihrer Jugend Kricket und Fußball gespielt; sie haben die gleichen Lebensgewohnheiten und verbringen die Wochenenden auf dem Land. Es gibt keine soziale Kluft zwischen den Parteien, sondern nur eine politische; in den letzten Jahren hat sich diese so weit entwickelt, dass die Politiker der beiden Lager den gesellschaftlichen Umgang miteinander vermeiden. Sogar auf dem neutralen Gebiet einer Botschaft wagte man es nicht, die beiden Parteien zu vermischen, da die Unionisten seit dem Veto- und dem Home Rule-Gesetz die Radikalen geächtet haben . Als der König und die Königin einige Monate nach meiner Ankunft bei uns speisten, verließ Lord Londonderry nach dem Essen das Haus, da er nicht mit Sir E. Grey zusammenbleiben wollte. Aber es ist kein Unterschied der Kaste oder Erziehung wie in Frankreich; es sind nicht zwei verschiedene Welten, sondern dieselbe Welt, und die Meinung über einen Ausländer ist allgemein und nicht ohne Einfluss auf seine politische Stellung, ob nun Herr Asquith oder Lord Lansdowne regieren.

Seit der Zeit der Stuarts und seit der Oligarchie der Guelfen und Whigs, die im Gegensatz zum Landadel der Tories den Aufstieg einer städtischen Mittelklasse förderte, hat es in England keinen Kastenunterschied mehr gegeben. Es handelt sich vielmehr um politische Meinungsverschiedenheiten in Fragen des Verfassungsrechts und der Besteuerung. Besonders Aristokraten wie Grey, Churchill, Harcourt und Crewe, die der Volkspartei – den Radikalen – beitraten, waren bei der unionistischen Aristokratie am verhasstesten; man traf nie einen dieser Herren in einem der großen Adelshäuser, außer bei denen einiger Parteifreunde.

wurden wir mit offenen Armen empfangen und die Höflichkeit beider
Parteien übertraf sich gegenseitig. Angesichts der engen Verflechtung von
Politik und Gesellschaft in England wäre es falsch, die sozialen Beziehungen
zu unterschätzen, selbst wenn die Mehrheit der oberen Zehntausend in
Opposition zur Regierung steht.

besteht nicht dieselbe unüberbrückbare Kluft wie zwischen Herrn Briand
und dem Herzog von Doudeauville . Natürlich verkehren sie nicht in Zeiten
großer Spannung miteinander; sie gehören zwei verschiedenen sozialen
Gruppen an, aber sie sind Teile derselben *Gesellschaft* , wenn auch
unterschiedlichen Standes, deren Mittelpunkt der Hof ist. Sie haben
gemeinsame Freunde und Lebensgewohnheiten; meist kennen sie sich seit
ihrer Jugend und sind häufig auch durch Blutsverwandtschaft oder Heirat
miteinander verwandt.

Phänomene wie Mr. Lloyd George – der Mann des Volkes, der kleine Anwalt
und der Selfmademan – sind die Ausnahme. Sogar Mr. Burns, der Führer der
Socialist Labour Party und Autodidakt, suchte den Kontakt zur Gesellschaft.
Angesichts des vorherrschenden Versuchs, als Gentleman zu gelten , dessen
unerreichter Prototyp immer noch der große Aristokrat ist, darf der Wert des
Urteils der Gesellschaft und ihrer Haltung nicht unterschätzt werden.

Daher spielt die soziale Anpassungsfähigkeit eines Repräsentanten nirgends
eine größere Rolle als in England. Ein gastfreundliches Haus mit
angenehmen Gastgebern ist mehr wert als die gründlichsten
wissenschaftlichen Kenntnisse; ein Gelehrter mit provinziellen Manieren
und geringen Mitteln würde trotz all seiner Gelehrsamkeit keinen Einfluss
gewinnen.

Der Brite verabscheut Langweiler, Intriganten und Besserwisser; er mag gute
Kerle.

SIR EDWARD GREY

Sir Edward Greys Einfluss in allen außenpolitischen Fragen war nahezu
unbegrenzt. Bei wichtigen Anlässen pflegte er zwar zu sagen: „Ich muss es
zuerst dem Kabinett vorlegen", aber das entsprach immer seinen Ansichten.
Seine Autorität war unbestritten. Obwohl er das Ausland überhaupt nicht
kennt und England nie verlassen hatte, abgesehen von einem kurzen Besuch
in Paris, war er dank seiner langen parlamentarischen Erfahrung und seiner
natürlichen Einsicht mit allen wichtigen Fragen bestens vertraut. Er versteht
Französisch, spricht es aber nicht. Als junger Mann kehrte er ins Parlament
zurück und begann sich bald für auswärtige Angelegenheiten zu

interessieren. Unter Lord Rosebery war er Unterstaatssekretär für auswärtige Angelegenheiten und wurde 1906 unter Mr. Campbell-Bannerman Staatssekretär; diesen Posten hat er nun seit etwa zehn Jahren inne.

Als Spross einer alten Familie aus dem Norden , aus der bereits der bekannte Staatsmann Grey hervorgegangen war, schloss er sich dem linken Flügel seiner Partei an und sympathisierte mit Sozialisten und Pazifisten. Man kann ihn als Sozialisten im idealen Sinne bezeichnen, da er die Theorie in sein Privatleben überträgt und sehr einfach und anspruchslos lebt, obwohl er über beträchtliche Mittel verfügt. Prunk ist ihm fremd. In London hatte er nur ein kleines Haus und gab nie Abendessen, mit Ausnahme des einen offiziellen Abendessens im Außenministerium am Geburtstag des Königs. Bei den wenigen Gelegenheiten, bei denen er Gäste bewirtete , handelte es sich um ein einfaches Abendessen oder Mittagessen mit Dienstmädchen, die bedienten. Außerdem mied er große Veranstaltungen und Bankette.

Wie seine Kollegen verbringt er seine Wochenenden regelmäßig auf dem Land, allerdings nicht mit großen oder schicken Gesellschaften. Meistens ist er allein in seinem Cottage im New Forest, wo er lange Spaziergänge unternimmt, um Vögel und ihre Lebensweise zu studieren, da er ein leidenschaftlicher Naturliebhaber und Ornithologe ist. Oder manchmal fährt er zu seinem Anwesen im Norden, wo er die Eichhörnchen füttert, die durch die Fenster hereinkommen, und verschiedene Arten von Wasservögeln züchtet.

Er fuhr sehr gern in die Sümpfe von Norfolk, um während der Brutzeit die seltenen Reiherarten zu beobachten, die nur dort nisten.

In seiner Jugend war er ein bekannter Cricket- und Schlägerspieler; heute ist sein Lieblingszeitvertreib das Lachs- und Forellenfischen in schottischen Flüssen zusammen mit seinem Freund Lord Glenconner , Mr. Asquiths Schwager. „Den ganzen Rest des Jahres freue ich mich darauf." Er hat ein Buch über das Angeln veröffentlicht.

Als wir einmal mit ihm ein Wochenende allein bei Lord Glenconner in der Nähe von Salisbury verbrachten, kam er mit dem Fahrrad an und kehrte auf die gleiche Weise zu seinem etwa fünfzig Kilometer entfernten Cottage zurück.

Die Einfachheit und Ehrlichkeit seines Handelns sicherte ihm die Wertschätzung selbst seiner Gegner, die eher im Bereich der Innenpolitik als der Außenpolitik zu finden waren. Lügen und Intrigen sind ihm gleichermaßen zuwider.

Seine Frau, der er innig zugetan war und von der er unzertrennlich war, starb, als sie aus der Falle geworfen wurde, die sie fuhr. Wie allgemein bekannt ist, wurde einer seiner Brüder von einem Löwen getötet .

Wordsworth ist sein Lieblingsdichter und er könnte viele seiner Gedichte zitieren.

Seinem ruhigen britischen Wesen mangelt es nicht an Sinn für Humor . Als er einmal mit uns und den Kindern zu Mittag aß und sie Deutsch sprechen hörte, sagte er: „Ich muss ständig daran denken, wie schlau diese Kinder sind, dass sie so gut Deutsch sprechen", und freute sich über seinen Witz.

Dies ist ein wahres Bild des Mannes, der als „Lügner-Grau" und Anstifter des Weltkrieges verschrien ist .

HERR ASQUITH

Mr. Asquith ist ein Mann ganz anderer Art. Er ist ein fröhlicher *Lebemann* , der die Damen, besonders die jungen und hübschen, liebt, der fröhliche Gesellschaft und gutes Essen liebt und seine Freude am Vergnügen auch von seiner Frau teilt. Er war früher ein bekannter Rechtsanwalt mit hohem Einkommen und mehrere Jahre lang im Parlament, dann Minister unter Mr. Gladstone, ein Pazifist wie sein Freund Grey und ein Befürworter einer Verständigung mit Deutschland. Er behandelte alle Fragen mit der heiteren Ruhe und Zuversicht eines erfahrenen Geschäftsmannes, dessen gute Gesundheit und ausgezeichnete Nerven durch seine Hingabe zum Golfspiel gestärkt wurden.

Seine Töchter gingen in Deutschland zur Schule und sprachen fließend Deutsch. Innerhalb kurzer Zeit freundeten wir uns mit ihm und seiner Familie an und waren seine Gäste in seinem kleinen Landhaus an der Themse.

Nur in seltenen Fällen beschäftigte er sich mit Außenpolitik, wenn wichtige Fragen aufkamen; dann war seine Entscheidung natürlich endgültig. Während der kritischen Julitage kam Mrs. Asquith wiederholt zu uns, um uns zu warnen, und am Ende war sie über die tragische Wendung der Ereignisse völlig verstört. Auch Mr. Asquith war, als ich ihn am 2. August aufsuchte, um einen letzten Versuch in Richtung erwartungsvoller Neutralität zu unternehmen, völlig gebrochen, wenn auch absolut ruhig. Tränen strömten über seine Wangen.

NICOLSON

Sir A. Nicolson und Sir W. Tyrrell waren nach dem Minister die beiden einflussreichsten Männer im Außenministerium. Ersterer war kein Freund von uns, aber seine Haltung mir gegenüber war absolut korrekt und höflich. Unsere persönlichen Beziehungen waren ausgezeichnet. Auch er wollte keinen Krieg; aber als wir gegen Frankreich vorrückten, arbeitete er zweifellos auf eine sofortige Intervention hin. Er war der Vertraute meines französischen Kollegen, mit dem er in ständiger Verbindung stand; außerdem wollte er Lord Bertie in Paris ablösen.

Sir Arthur , der Botschafter in Petrograd, hatte den Vertrag von 1907 abgeschlossen, der es Russland ermöglichte, seine Aufmerksamkeit wieder auf den Westen und den Nahen Osten zu richten.

TYRRELL

Sir W. Tyrrell, Sir Edwards Privatsekretär, besaß weitaus größeren Einfluss als der ständige Unterstaatssekretär . Dieser hochintelligente Mann war in Deutschland zur Schule gegangen und hatte sich dann der Diplomatie zugewandt, war aber nur kurze Zeit im Ausland gewesen. Anfangs befürwortete er die antideutsche Politik, die damals unter den jüngeren britischen Diplomaten in Mode war, aber später wurde er ein überzeugter Befürworter einer Verständigung. Er beeinflusste Sir E. Grey, mit dem er sehr eng verbunden war, in dieser Richtung. Nach Ausbruch des Krieges hat er das Amt verlassen und eine Stelle im Innenministerium gefunden, wahrscheinlich wegen der Kritik, die man ihm wegen seiner germanophilen Neigung entgegenbrachte .

HALTUNG DES AUSWÄRTIGEN AMTES

Herren über meine Erfolge in London und die Lage, die ich mir in kurzer Zeit aufgebaut hatte, ist unbeschreiblich . Sie ersannen schikanöse Anweisungen, um mir die Arbeit in meinem Amt noch schwerer zu machen. Ich wurde über die wichtigsten Dinge in völliger Unkenntnis gelassen und musste mich auf die Übermittlung langweiliger und unwichtiger Berichte beschränken. Berichte von Geheimagenten über Dinge, von denen ich ohne Spionage und die nötigen Mittel nichts erfahren konnte, standen mir nie zur Verfügung; und erst in den letzten Julitagen 1914 erfuhr ich durch Zufall vom Marineattaché von dem geheimen englisch-französischen Abkommen über die Zusammenarbeit der beiden Flotten im Kriegsfall. Auch andere wichtige Ereignisse, die dem Amt seit langem bekannt waren, wie der Briefwechsel zwischen Grey und Cambon , wurden mir vorenthalten.

IM KRIEGSFALL

Bald nach meiner Ankunft gelangte ich zu der Überzeugung, dass wir unter *keinen* Umständen einen britischen Angriff oder britische Unterstützung für einen ausländischen Angriff zu befürchten hätten, sondern dass *England die Franzosen unter allen Umständen schützen würde* . Ich brachte diese Ansicht in wiederholten Depeschen mit minutiösen Beweisen und großem Nachdruck zum Ausdruck, erlangte aber keinen Glauben, obwohl Lord Haldanes Weigerung, der Neutralitätsformel zuzustimmen, und Englands Haltung während der Marokkokrise ziemlich deutliche Anzeichen dafür gewesen waren. Dazu kamen die geheimen Vereinbarungen, auf die ich mich bezog und die dem Amt bekannt waren.

Ich habe immer darauf hingewiesen, dass England als Handelsstaat im Falle eines Krieges zwischen europäischen Mächten enorm leiden würde und deshalb sein Bestes tun würde, um einen Konflikt zu verhindern; andererseits würde es jedoch niemals eine Schwächung oder Vernichtung Frankreichs dulden, da es das europäische Kräftegleichgewicht aufrechterhalten und eine deutsche Übermacht verhindern müsse. Lord Haldane hatte mir dies kurz nach meiner Ankunft gesagt, und alle führenden Persönlichkeiten hatten sich in diesem Sinne geäußert.

DIE SERBISCHE KRISE

Ende Juni reiste ich auf Befehl des Kaisers nach Kiel. Wenige Wochen zuvor war ich zum Ehrendoktor der Universität Oxford ernannt worden, eine Ehre , die seit Herrn von Bunsen keinem deutschen Botschafter mehr zuteil geworden war. An Bord der *Meteor* erfuhren wir vom Tod des Erzherzogs. Seine Majestät bedauerte, dass seine Bemühungen, ihn für seine Gesinnung zu gewinnen, damit vergeblich gewesen waren . Ob der Plan einer aktiven Politik gegen Serbien bereits in Konopischt beschlossen worden war , weiß ich nicht.

Da ich über die Ansichten und Ereignisse in Wien nicht unterrichtet war , legte ich auf dieses Ereignis keine allzu große Bedeutung. Später konnte ich nur feststellen, dass bei den österreichischen Aristokraten das Gefühl der Erleichterung alle anderen Gefühle überwog. An Bord der *Meteor* befand sich auch ein österreichischer Gast des Kaisers, Graf Felix Thun. Er war trotz des herrlichen Wetters die ganze Zeit über seekrank in seiner Kabine geblieben; als er die Nachricht erhielt, ging es ihm jedoch wieder besser. Der Schreck oder die Freude hatten ihn geheilt.

Bei meiner Ankunft in Berlin traf ich den Kanzler und sagte ihm, dass ich den Stand unserer auswärtigen Beziehungen als sehr zufriedenstellend erachte, da wir mit England so gute Beziehungen pflegten wie schon lange nicht mehr, während auch in Frankreich die Regierung in den Händen eines pazifistischen Ministeriums liege.

Herr von Bethmann Hollweg schien meinen Optimismus nicht zu teilen und beschwerte sich über die russische Rüstung. Ich versuchte ihn zu beruhigen, indem ich betonte , dass Russland kein Interesse daran habe, uns anzugreifen, und dass ein solcher Angriff niemals die Unterstützung der Briten und Franzosen erhalten würde, da beide Länder Frieden wollten. Daraufhin ging ich zu Dr. Zimmermann, der für Herrn von Jagow tätig war , und er sagte mir, dass Russland dabei sei, 900.000 zusätzliche Truppen aufzustellen. Seine Sprache verriet unverkennbare Verärgerung über Russland, das uns „überall im Weg" stehe. Es gab auch Schwierigkeiten in der Wirtschaftspolitik. Natürlich wurde mir nicht gesagt , dass General von Moltke auf Krieg drängte; aber ich erfuhr , dass Herr von Tschirschky gerügt worden war, weil er berichtete, er habe in Wien zu Mäßigung gegenüber Serbien geraten.

Auf meiner Rückkehr aus Schlesien nach London hielt ich mich nur wenige Stunden in Berlin auf, wo ich erfuhr, dass Österreich beabsichtigte, Schritte gegen Serbien zu unternehmen, um einer unmöglichen Situation ein Ende zu setzen.

Ich bedaure, dass ich damals die Bedeutung der Nachricht unterschätzt habe. Ich dachte, dass auch diesmal nichts dabei herauskommen würde und dass die Sache leicht zu regeln sei, selbst wenn Russland bedrohlich werden sollte. Ich bedaure jetzt, dass ich nicht in Berlin geblieben bin und erkläre sofort, dass ich bei einer Politik dieser Art nicht mitmachen würde.

Später erfuhr ich, daß auf der entscheidenden Konferenz in Potsdam am 5. Juli die Wiener Untersuchung die uneingeschränkte Zustimmung aller führenden Leute erhielt, mit dem Zusatz, daß es keinen Schaden anrichten würde, wenn es zu einem Krieg mit Rußland käme. So jedenfalls stand es im österreichischen Protokoll, das Graf Mensdorff in London empfing. Bald darauf war Herr von Jagow in Wien, um Graf Berchtold über alle diese Fragen zu konsultieren .

Damals erhielt ich den Auftrag, die britische Presse zu einer freundlichen Haltung zu bewegen, sollte Österreich der Bewegung „Großserbien" den Gnadenstoß versetzen , und meinen persönlichen Einfluss geltend zu machen, um eine Feindseligkeit der öffentlichen Meinung gegenüber Österreich zu verhindern. *Wenn man* sich an Englands Haltung während der Annexionskrise erinnert, als die öffentliche Meinung Sympathie für die serbischen Rechte in Bosnien zeigte, sowie an Englands wohlwollende Förderung nationaler Bewegungen in den Tagen Lord Byrons und Garibaldis, so war die Wahrscheinlichkeit, dass England die geplante Strafexpedition gegen die Mörder des Prinzen unterstützen würde, so gering, dass ich mich gezwungen sah, eine dringende Warnung auszusprechen. Ich warnte sie aber auch vor dem gesamten Plan, den ich als abenteuerlich und gefährlich bezeichnete , und riet ihnen, den Österreichern zur *Mäßigung zu raten* , da ich nicht glaubte, dass der Konflikt lokal begrenzt werden könne .

Herr von Jagow antwortete mir, dass Russland nicht bereit sei; es würde wahrscheinlich einige Aufregung geben, aber je entschiedener wir uns auf die Seite Österreichs stellten, desto mehr würde Russland nachgeben. Österreich warf uns ohnehin Schwäche vor, und deshalb dürften wir es nicht im Stich lassen. Die öffentliche Meinung in Russland dagegen werde immer antideutscher, also müssten wir es einfach riskieren.

Angesichts dieser Haltung, die, wie ich später erfuhr, auf Berichten des Grafen Pourtalès beruhte , wonach Russland unter keinen Umständen vorgehen würde, und die uns veranlasste, Graf Berchtold zu äußerster Energie anzuspornen, hoffte ich auf Rettung durch britische Vermittlung, da ich wusste, dass Sir E. Greys großer Einfluss in Petrograd für den Frieden genutzt werden konnte. Ich nutzte daher meine freundschaftlichen Beziehungen zum Minister, um ihn vertraulich zu bitten, Russland zu Mäßigung zu raten , falls Österreich, wie es wahrscheinlich schien, Genugtuung von Serbien verlangen sollte.

Die englische Presse blieb zunächst ruhig und war Österreich gegenüber freundlich eingestellt, da der Mord allgemein verurteilt wurde. Doch allmählich wurden immer mehr Stimmen laut, die nachdrücklich darauf bestanden, dass, so sehr das Verbrechen auch eine Bestrafung verdiente, seine Ausnutzung für politische Zwecke nicht gerechtfertigt sei. Österreich wurde eindringlich zur Mäßigung ermahnt.

verurteilten es alle Zeitungen einstimmig, mit Ausnahme des *Standard* – der immer notwendigen Zeitung , die offenbar von Österreich gekauft worden war. Die ganze Welt, mit Ausnahme von Berlin und Wien, erkannte , dass dies Krieg bedeutete – ja, „den Weltkrieg". Die britische Flotte, die sich zufällig zu einer Flottenparade versammelt hatte, wurde nicht demobilisiert .

Meine Bemühungen galten in erster Linie dem Ziel, eine möglichst versöhnliche Antwort Serbiens zu erhalten, da die Haltung der russischen Regierung keinen Zweifel am Ernst der Lage zuließ.

Serbien reagierte positiv auf die britischen Bemühungen, da M. Pasitch eigentlich mit allem einverstanden war, bis auf zwei Punkte, über die er jedoch seine Verhandlungsbereitschaft erklärte. Wenn Russland und England den Krieg gewollt hätten, um uns anzugreifen, hätte ein Hinweis an Belgrad genügt, und die beispiellose Note wäre nicht beantwortet worden .

Sir E. Grey ging mit mir die serbische Antwort durch und wies auf die versöhnliche Haltung der Regierung von Belgrad hin. Daraufhin diskutierten wir seinen Vermittlungsvorschlag, der eine für beide Parteien akzeptable Formel zur Klärung der beiden Punkte enthalten sollte. Sein Vorschlag war, dass ein Ausschuss, bestehend aus M. Cambon , dem Marquis Imperiali und mir, unter seinem Vorsitz zusammentreten sollte, und es wäre für uns ein Leichtes gewesen, eine akzeptable Formel für die strittigen Punkte zu finden, die hauptsächlich die Zusammenarbeit österreichischer kaiserlicher Beamter bei den Untersuchungen in Belgrad betrafen. Bei gutem Willen hätte alles in ein oder zwei Sitzungen geregelt werden können , und die bloße Annahme des britischen Vorschlags hätte eine Entspannung der Spannungen bewirkt und unsere Beziehungen zu England weiter verbessert. Ich unterstützte den Vorschlag daher nachdrücklich mit der Begründung, dass sonst die Gefahr eines Weltkriegs bestehe , durch den wir nichts gewinnen und alles verlieren könnten; aber vergebens. Es war eine Herabwürdigung der Würde Österreichs – wir hatten nicht die Absicht, uns in serbische Angelegenheiten einzumischen – wir überließen diese unserem Verbündeten. Meine Aufgabe war die „ Lokalisierung des Konflikts".

Natürlich hätte ein bloßer Wink aus Berlin Graf Berchtold dazu veranlassen können , sich mit einem diplomatischen Erfolg zufrieden zu geben und die serbische Antwort anzunehmen. Dieser Wink wurde jedoch nicht gegeben; im Gegenteil, man drängte auf den Krieg. Es wäre ein glänzender Erfolg gewesen.

Nach unserer Ablehnung forderte Sir Edward uns auf, einen Vorschlag einzureichen. Wir bestanden auf Krieg. Ich konnte keine andere Antwort erhalten, als dass Österreich einen außerordentlich „entgegenkommenden Geist" gezeigt habe, indem es keine Gebietserweiterung verlangte.

Sir Edward wies zu Recht darauf hin, dass es auch ohne eine Gebietsausweitung möglich sei, einen Staat in die Lage eines Vasallen zu versetzen, und dass Russland dies als Demütigung empfinden und nicht dulden würde.

Der Eindruck verstärkte sich immer mehr, dass wir den Krieg unter allen Umständen wollten. Es war unmöglich, unsere Haltung zu einer Frage, die uns nicht direkt betraf, anders zu interpretieren. Die dringenden Bitten und eindeutigen Zusicherungen von Herrn Sazonow , gefolgt von den ausgesprochen demütigen Telegrammen des Zaren, die wiederholten Vorschläge von Sir E. Grey, die Warnungen des Marquis San Giuliano und des Signor Bollati , meine dringenden Ratschläge, all das half nichts. Berlin blieb hartnäckig: Serbien musste massakriert werden .

Je mehr ich drängte, desto weniger waren sie geneigt, nachzugeben, und sei es nur, damit es mir nicht gelänge, gemeinsam mit Sir Edward Grey den Krieg abzuwenden.

Schließlich entschloß sich dieser am 29. zu der berühmten Warnung. Ich antwortete, ich hätte stets berichtet, wir hätten mit englischem Widerstand zu rechnen, wenn es zu einem Krieg mit Frankreich käme. Wiederholt sagte mir der Minister : „Wenn der Krieg ausbricht, wird es die größte Katastrophe sein, die die Welt je erlebt hat."

Danach überschlugen sich die Ereignisse. Als sich schließlich Graf Berchtold , der bis dahin auf Geheiß Berlins den starken Mann gespielt hatte, zum Einlenken entschloss, antworteten wir auf die russische Mobilmachung , nachdem Russland eine ganze Woche vergeblich verhandelt und gewartet hatte, mit dem Ultimatum und der Kriegserklärung.

DIE ENGLISCHE KRIEGSERKLÄRUNG

Sir Edward suchte noch immer nach neuen Wegen, um die Katastrophe zu vermeiden. Sir W. Tyrrell besuchte mich am Morgen des 1. August, um mir zu sagen, dass sein Chef noch immer hoffte, einen Ausweg zu finden. Würden wir neutral bleiben, wenn Frankreich es täte? Ich verstand, dass wir uns dann darauf einigen würden, Frankreich zu verschonen, aber er hatte gemeint, dass wir völlig neutral bleiben sollten – auch gegenüber Russland. Das war das bekannte „Missverständnis". Sir Edward hatte mich gebeten, am Nachmittag anzurufen. Da er in einer Kabinettssitzung war, rief er mich an, nachdem Sir W. Tyrrell sofort zu ihm geeilt war. Am Nachmittag sprach er jedoch nur über die belgische Neutralität und die Möglichkeit, dass wir und Frankreich uns in Waffen gegenüberstehen könnten, ohne anzugreifen.

also überhaupt nicht um einen Vorschlag, sondern um eine Frage ohne jede Garantie, da unser Gespräch, das ich bereits erwähnte, bald darauf stattfinden sollte. Berlin jedoch machte diesen Bericht, ohne das Gespräch abzuwarten, zur Grundlage weitreichender Maßnahmen. Dann kamen der Brief von Herrn Poincaré , der Brief von Bonar Law, das Telegramm von

König Albert. Die Unentschlossenen im Kabinett – mit Ausnahme von drei Mitgliedern, die zurücktraten – wurden bekehrt.

Bis zuletzt hatte ich gehofft, England würde eine abwartende Haltung einnehmen. Auch mein französischer Kollege war, wie ich aus privater Quelle erfuhr, nicht sehr zuversichtlich. Noch am 1. August hatte der König dem Präsidenten eine ausweichende Antwort gegeben. Aber schon im Telegramm aus Berlin, das die drohende Kriegsgefahr ankündigte, war England als Gegner erwähnt. Berlin rechnete also bereits mit einem Krieg mit England.

Vor meiner Abreise empfing mich Sir E. Grey am 5. in seinem Haus. Ich war auf seine Bitte hin dort gewesen. Er war tief bewegt . Er sagte mir, er sei immer bereit zu vermitteln. „Wir wollen Deutschland nicht zerschlagen." Leider wurde dieses vertrauliche Gespräch öffentlich, und Herr von Bethmann Damit zerstörte Hollweg die letzte Chance auf einen Frieden durch England.

Die Vorbereitungen für unsere Abreise verliefen vollkommen würdevoll und ruhig. Der König hatte zuvor seinen Stallmeister, Sir E. Ponsonby , geschickt, um sein Bedauern über meine Abreise auszudrücken und mitzuteilen, dass er mich nicht persönlich sehen könne. Prinzessin Louise schrieb mir, dass die ganze Familie unsere Abreise bedauere. Mrs. Asquith und andere Freunde kamen zur Botschaft, um sich zu verabschieden.

Ein Sonderzug brachte uns nach Harwich, wo eine Ehrenwache wurde für mich erstellt . Ich wurde wie ein scheidender Herrscher behandelt . Das war das Ende meiner Londoner Mission. Sie wurde nicht durch die List der Briten, sondern durch die List unserer Politik zerstört .

Graf Mensdorff war mit seinem Stab zum Bahnhof in London gekommen. Er war gut gelaunt und gab mir zu verstehen, dass er vielleicht dort bleiben würde. Er sagte den Engländern jedoch, dass wir und nicht Österreich den Krieg gewollt hätten.

RÜCKBLICK

Wenn ich nach zwei Jahren zurückblicke, komme ich zu dem Schluss , dass ich zu spät erkannt habe , dass es für mich keinen Platz in einem System gab, das jahrelang nur von Routine und Traditionen gelebt hatte und nur Vertreter duldete, die das berichteten, was ihre Vorgesetzten lesen wollten. Vorurteilslosigkeit und unabhängiges Urteil werden übelgenommen .

Mangelnde Fähigkeiten und Charakter werden gelobt und geschätzt, während Erfolge auf Missfallen stoßen und Besorgnis erregen .

Ich hatte meinen Widerstand gegen die wahnsinnige Dreibundpolitik aufgegeben, als ich erkannte , dass sie nutzlos war und dass meine Warnungen der „ Austrophobie ", meiner *fixen Idee* zugeschrieben wurden . In der Politik, die weder Akrobatik noch Spiel, sondern das Hauptgeschäft der Firma ist, gibt es keine „ Philosophie " oder „ Phobie ", sondern nur das Interesse der Gemeinschaft. Eine Politik jedoch, die sich nur auf Österreicher, Magyaren und Türken stützt, muss mit Russland in Konflikt geraten und schließlich zur Katastrophe führen.

Trotz früherer Fehler hätte im Juli 1914 noch alles in Ordnung gebracht werden können. Man hatte eine Einigung mit England erzielt . Wir hätten einen Vertreter mit zumindest durchschnittlicher politischer Kompetenz nach Petrograd schicken und Russland davon überzeugen müssen, dass wir weder die Meerengen kontrollieren noch Serbien erwürgen wollten. " *Lâchez l'Autriche et nous lâcherons les Français* " ("Lasst Österreich fallen, und wir werden die Franzosen fallen lassen"), sagte uns Herr Sazonow . Und Herr Cambon sagte zu Herrn von Jagow : " *Vous muss nicht folgen l'Autriche partout* " („Man muss Österreich nicht überallhin folgen").

Wir wollten *weder Kriege noch Bündnisse* ; wir wollten nur Verträge, die uns und andere schützen und unsere wirtschaftliche Entwicklung sichern würden, die in der Geschichte ihresgleichen sucht. Wäre Russland im Westen befreit worden, könnte es sich wieder dem Osten zuwenden, und die englisch-russische Rivalität wäre automatisch und ohne unser Eingreifen wiederhergestellt worden, und nicht minder sicher auch die russisch-japanische.

Wir hätten auch die Frage der Rüstungsreduzierung in Betracht ziehen können und hätten uns nicht mehr um österreichische Komplikationen kümmern müssen. Dann wäre Österreich ohne Bündnis und vor allem ohne unser Bemühen um seine Gunst zum Vasallen des Deutschen Reiches geworden, was schließlich zum Krieg zur Befreiung Polens und zur Vernichtung Serbiens geführt hätte, obwohl das deutsche Interesse gerade das Gegenteil verlangte.

Ich musste in London eine Politik unterstützen, deren Ketzerei ich erkannte . Das rächte sich an mir, denn es war eine Sünde gegen den Heiligen Geist.

MEINE RÜCKKEHR

Schon bei meiner Ankunft in Berlin wurde mir klar, dass man mich zum Sündenbock für die Katastrophe machen würde, für die sich unsere Regierung entgegen meinen Ratschlägen und Warnungen verantwortlich gemacht hatte.

wurde absichtlich das Gerücht verbreitet , ich hätte mich von Sir E. Grey täuschen lassen, denn wenn er den Krieg nicht gewollt hätte, hätte Russland nicht mobilisiert . Graf Pourtalès , dessen Berichte man sich zutrauen konnte, sollte geschützt werden, nicht zuletzt aufgrund seiner Verwandtschaft. Er habe sich „großartig" verhalten, wurde begeistert gelobt, und ich wurde umso härter getadelt.

"Was geht Russland Serbien an?", sagte mir dieser Staatsmann nach achtjähriger Amtszeit in Petrograd. Das Ganze war ein britischer Trick, den ich nicht bemerkt hatte. Im Außenministerium sagte man mir, dass es 1916 ohnehin zum Krieg gekommen wäre. Dann wäre Russland bereit gewesen; deshalb sei es jetzt besser.

DIE FRAGE DER VERANTWORTUNG

Wie aus allen offiziellen Veröffentlichungen hervorgeht – und dies wird auch durch unser Weißbuch nicht widerlegt , das aufgrund der Dürftigkeit seines Inhalts und seiner Auslassungen ein schwerwiegendes selbstanklagendes Dokument ist –

1. Wir ermutigten den Grafen Berchtold, Serbien anzugreifen, obwohl deutsche Interessen nicht betroffen waren und uns die Gefahr eines Weltkrieges bekannt sein musste. Ob wir den Wortlaut des Ultimatums kannten, ist völlig gleichgültig.

2. In der Zeit vom 23. bis 30. Juli 1914, als Herr Sazonow nachdrücklich erklärte, er werde keinen Angriff auf Serbien dulden, lehnten wir die britischen Vermittlungsvorschläge ab, obwohl Serbien unter russischem und britischem Druck das Ultimatum fast vollständig akzeptiert hatte, obwohl eine Einigung über die beiden strittigen Punkte leicht hätte erzielt werden können und Graf Berchtold sogar bereit war, sich mit der serbischen Antwort zufrieden zu geben.

3. Am 30. Juli, als Graf Berchtold eine Einigung erzielen wollte, schickten wir ein Ultimatum nach Petrograd, bloß wegen der russischen Mobilmachung , obwohl Österreich nicht angegriffen worden war; und am 31. Juli erklärten wir Russland den Krieg, obwohl der Zar sein Wort gab, dass er keinem Mann

den Marsch befehlen würde, solange die Verhandlungen im Gange seien –
und zerstörten damit absichtlich die Möglichkeit einer friedlichen Einigung.

Angesichts der oben genannten, unbestreitbaren Tatsachen ist es kein
Wunder, dass die gesamte zivilisierte Welt außerhalb Deutschlands uns die
alleinige Verantwortung für den Weltkrieg zuschreibt.

DIE SICHT DES FEINDES

Ist es nicht verständlich, wenn unsere Feinde erklären, sie würden nicht
ruhen, bis ein System zerstört sei, das unsere Nachbarn ständig bedroht ?
Müssen sie nicht sonst fürchten, in einigen Jahren wieder zu den Waffen
greifen zu müssen und wieder zu sehen, wie ihre Provinzen überrannt und
ihre Städte und Dörfer zerstört werden? Haben nicht jene recht behalten, die
erklärten, der Geist Treitschkes und Bernhardis habe das deutsche Volk
regiert, jener Geist, der den Krieg als solchen verherrlichte und ihn nicht als
Übel verabscheute, dass bei uns noch immer die feudalen Ritter und Junker,
die Kriegerkaste, herrschen und Ideale und Werte formen, nicht der Zivilist?
dass die Liebe zum Duell, die unsere akademische Jugend beseelt, noch
immer in denen fortbesteht, die die Geschicke des Volkes lenken? Haben
nicht der Zabern- Zwischenfall und die parlamentarischen Diskussionen
darüber dem Ausland deutlich gezeigt, welchen Wert wir den Rechten und
Freiheiten des Bürgers beimessen, wenn diese mit Fragen der militärischen
Macht kollidieren?

und inzwischen verstorbene Historiker Cramb , ein Bewunderer
Deutschlands, fasste die deutsche Auffassung in die Worte Euphorions :

Träumt ihr vom Frieden? [1]
Wer träumt, der wird es nicht tun?
Der Schlachtruf ist Krieg!
Der Refrain lautet Sieg.

Der Militarismus, der seinem Recht nach eine Erziehung des Volkes und ein
Instrument der Politik ist, macht aus der Politik ein Instrument militärischer
Macht, wenn der patriarchalische Absolutismus des Soldatenkönigreichs eine
Haltung ermöglicht, die eine Demokratie, die fern vom militärischen
Junkereinfluss ist, niemals zugelassen hätte.

So denken unsere Feinde, und so müssen sie auch denken, wenn sie sehen,
dass trotz kapitalistischer Industrialisierung und trotz sozialistischer
Organisation , wie Friedrich Nietzsche sagt , „die Lebenden noch immer von
den Toten beherrscht werden" . Das wichtigste Kriegsziel unserer Feinde,
die Demokratisierung Deutschlands, wird verwirklicht !

BISMARCK

Bismarck liebte wie Napoleon den Konflikt um seiner selbst willen. Als Staatsmann vermied er neue Kriege, deren Torheit er erkannte . Er begnügte sich mit unblutigen Schlachten. Nachdem er in rascher Folge Christian, Franz Joseph und Napoleon besiegt hatte, waren nun Arnim , Pius und Augusta an der Reihe. Das genügte ihm nicht. Gortschakow , der sich für den Größeren hielt, hatte ihn wiederholt geärgert. Der Konflikt wurde fast bis zum Krieg getrieben – sogar indem man ihm seinen Eisenbahnsalon entzog. So entstand der elende Dreibund. Schließlich kam es zum Konflikt mit Wilhelm, in dem der Mächtige besiegt wurde, so wie Napoleon von Alexander besiegt wurde .

Politische Bündnisse auf Leben und Tod können nur gedeihen, wenn sie auf verfassungsmäßiger und nicht auf internationaler Grundlage beruhen. Sie sind umso fragwürdiger, wenn der Partner schwach ist. Bismarck hatte nie beabsichtigt, dass das Bündnis diese Form annehmen sollte.

Den Engländern begegnete er stets mit Nachsicht; er wusste, dass dies klüger war. Der alten Königin Victoria zollte er stets großen Respekt, trotz seines Hasses auf ihre Tochter und die politische Anglomanie ; dem gelehrten Beaconsfield und dem weltgewandten Salisbury machte er den Hof; und selbst jener seltsame Gladstone, den er nicht mochte, hatte eigentlich nichts zu beklagen.

Das Ultimatum an Serbien war der Höhepunkt der Politik des Berliner Kongresses, der Bosnienkrise und der Londoner Konferenz. Doch es war noch Zeit zur Umkehr.

Es ist uns vollkommen gelungen, das zu erreichen, was vor allem anderen hätte verhindert werden sollen: den Bruch mit Russland und England.

UNSERE ZUKUNFT

Nach zwei Jahren Kampf ist es klar, daß wir nicht auf einen bedingungslosen Sieg über die Russen, Engländer, Franzosen, Italiener, Rumänen und Amerikaner hoffen und darauf rechnen dürfen, unsere Feinde zermürben zu können. Aber einen Kompromissfrieden können wir nur durch die Räumung der besetzten Gebiete erreichen, deren Beibehaltung uns jedenfalls belasten und schwächen und die Gefahr weiterer Kriege in sich bergen würde. Deshalb ist alles zu vermeiden, was den möglicherweise noch für einen Kompromissfrieden zu gewinnenden Feindgruppen, nämlich den britischen Radikalen und den russischen Reaktionären, die Einigung erschwert. Schon von diesem Gesichtspunkt aus ist der polnische Plan zu verurteilen, ebenso wie jede Verletzung belgischer Rechte oder die Hinrichtung britischer Staatsbürger - von dem wahnwitzigen U-Boot-Plan ganz zu schweigen.

"Unsere Zukunft liegt auf dem Wasser." Ganz richtig; deshalb liegt sie nicht in Polen und Belgien, nicht in Frankreich und Serbien. Dies ist eine Rückkehr in die Zeit des Heiligen Römischen Reiches und der Fehler der Staufer und Habsburger. Es ist die Politik der Plantagenets , nicht die von Drake und Raleigh, Nelson und Rhodes. Die Politik des Dreibundes ist eine Rückkehr in die Vergangenheit, eine Abkehr von der Zukunft, vom Imperialismus und einer Weltpolitik. "Mitteleuropa" gehört ins Mittelalter , Berlin-Bagdad ist eine Sackgasse und nicht der Weg ins offene Land, zu unbegrenzten Möglichkeiten, zur Weltmission der deutschen Nation.

Ich bin kein Feind Österreichs, Ungarns, Italiens, Serbiens oder irgendeines anderen Staates, sondern nur der Politik des Dreibundes, die uns zwangsläufig von unseren Zielen abbringen und uns auf die schiefe Ebene einer Kontinentalpolitik bringen würde. Es war nicht die deutsche Politik, sondern die des österreichischen Kaiserhauses. Die Österreicher betrachteten den Bund inzwischen als einen Schutzschirm, unter dessen Schutz sie nach Belieben Ausflüge in den Nahen Osten unternehmen konnten.

Und was müssen wir als Ergebnis dieses Völkerkrieges erwarten? Die Vereinigten Staaten Afrikas werden britisch sein, wie die Vereinigten Staaten Amerikas, Australiens und Ozeaniens. Und die lateinischen Staaten Europas werden, wie ich es vor Jahren vorhergesagt habe, dieselben Beziehungen zum Vereinigten Königreich eingehen, die ihre lateinischen Schwestern in Amerika zu den Vereinigten Staaten unterhalten. Die Angelsächsischen werden sie beherrschen. Frankreich, vom Krieg erschöpft, wird sich nur noch enger an Großbritannien binden. Auch Spanien wird nicht lange Widerstand leisten.

Und in Asien werden sich die Russen und die Japaner ausbreiten und ihre Bräuche mit an ihre Grenzen nehmen, und der Süden wird den Briten bleiben.

Die Welt wird den Angelsachsen, Russen und Japanern gehören, und die Deutschen werden mit Österreich und Ungarn allein bleiben. Seine Herrschaft wird eine des Denkens und des Handels sein, nicht die des Bürokraten und des Soldaten. Er kam zu spät, und seine letzte Chance, die Vergangenheit wiedergutzumachen, nämlich ein Kolonialreich zu gründen , wurde durch den Weltkrieg zunichte gemacht.

Denn wir werden die Söhne Ichwes nicht verdrängen . Dann wird der Plan des großen Rhodes verwirklicht , der die Rettung der Menschheit in der Ausbreitung Britanniens sah – im britischen Imperialismus.

Di regieren imperio Populos , Romane , Andenken.
Hae tibi erunt Künste : friedlich imponieren morem ,
Teil subjektiv und debellar Superbos .

FUSSNOTE

[1] Im Original steht „Krieg", vermutlich aufgrund eines Druckfehlers. – ÜBERSETZER.